지구를 지키는
괴짜 브랜드

지구를 지키는 괴짜 브랜드

파타고니아 ~ 트래쉬버스터즈 ~ 더피커 ~ 노플라스틱선데이

다시입다연구소 ~ 라이트브라더스 ~ 댄스위드비

브랜드 액티비즘으로
소비자를 사로잡는
괴짜들의 이야기

FFC (Freaky Fox Crew) 지음

베이크 ~ 마르쉐 ~ 민팃

천그루숲

Freaky Fox Crew가 소개하는
지구를 지키는 괴짜 브랜드

Freaky Fox Crew의 괴이쩍은(?) 목표

안녕, 여러분~ 오늘 굉장히 특별한 커뮤니티를 소개
하려고 해.

괴짜 여우 응원단, Freaky Fox Crew는 전 지구적 기
후위기에 맞서 개인의 주도적인 실천과 연대의 힘이 얼마나
강한지 보여주고자 만든 '웹 3.0 환경 커뮤니티'야.

아직도 우리 주위를 둘러보면 환경실천이 어렵다거나
고리타분하다고 생각하는 사람들이 꽤 있는 것 같아. 환경실

천에 대한 오해와 편견을 깨고, 환경실천도 재미있고 멋있을 수 있다는 것을 세상에 알리며, 지구를 생각하는 마음이 인간들 사이에 널리 퍼질 수 있도록 만드는 것이 바로 Freaky Fox Crew의 목표야.

Freaky Fox Crew, 괴짜 여우 응원단의 정체는?

지구의 역사를 둘러보면, 인간은 스스로를 '만물의 영장'이라 칭하며 지구에 생존하는 모든 종 중에 가장 우위에 두고, 실로 무수한 생명을 함부로 대해 왔어. 그리고 그 참담한 결과로 지구는 너무 많이 훼손되었고, 수많은 종들이 멸종을 맞거나 지구에서 사라져 버렸지.

Freaky Fox Crew는 지구를 대표하는 존재로 인간이 아닌 여우를 내세웠어. 그것도 괴짜 기질을 지닌 독특한 여우지. Freaky Fox Crew의 일원이 되면 사람들은 스스로를 여우라 칭하며, 여우의 시선으로 세상을 바라보고 관계 맺기를 시도하게 돼. Freaky Fox Crew들은 '여우가 세상을 바꾼다!'라는 말을 입에 달고 살거든. 지구에 피해를 주지 않는 방식으로 살아가는 건 여우가 인간보다 한 수 위라고 생각하기 때문이야. 그리하여 공존과 상생의 필요성을 아직 잘 모르는 인간들을 길들이겠다는 의미에서 Freaky Fox Crew를

'여우들의 인간 길들이기 프로젝트'라고 부르기도 해.

여기서 '여우가 어떻게 인간을 길들인다는 거지?' 하고 궁금해하는 사람들도 있을 거야. 인간들에게 너무나도 유명한 《어린 왕자》 책을 펼쳐 보면 어린 왕자에게 '길들여진다'는 게 무엇인지 알려주는 사막여우가 등장하잖아. 여우는 이렇게 말했어.

"길들여진다는 건 누군가와 특별한 관계를 맺는 거야. 너의 장미가 소중한 이유는 네가 장미에게 쏟아부은 시간 때문이야. 길들여지기 위해서는 서로를 알아가는 시간이 필요하고, 이 시간이 커지면 커질수록 서로의 '거리'는 조금씩 가까워지는 거지."

Freaky Fox Crew는 인간의 이기심과 욕심으로 파괴된 환경을 여우식으로 지혜롭고 영리하게 보듬고 돌볼 수 있는 방법을 찾고 있어. 고민하고 찾기만 하는 게 아니라 우리의 최대 장점은 바로 '행동한다'는 거야. 이러한 행동을 통해 많은 사람들이 무엇보다도 공감력과 창의력을 키울 수 있기를 바래. 심각하지 않지만 진중한 태도로 감행하는 즐겁고도 활력 넘치는 액션이 Freaky Fox Crew가 추구하는 지향점이야.

친환경 활동을 시간으로 기록하다

Freaky Fox Crew에서는 모든 활동들을 시간으로 기록하고 있어. 환경을 위한 인간들의 소중한 활동과 시간을 어떻게 보관할까 고민하다, 투명하고 탈중앙화된 시스템인 블록체인 기술을 활용해 기록하고 보상하는 방식을 채택했어(이걸 인간들은 웹 3.0 방식이라고 하더라). 낯설게 들리겠지만 사실 어려운 이야기가 아니야! Freaky Fox Crew의 환경 액션이나 강연, 체험 등에 참여한 인간들이 지구와 환경을 위해 기여한 시간은 모두 차곡차곡 기록되고, 이 기록들은 또 다른 보상과 혜택으로 연결될 거야. 벌써 Freaky Fox Crew에서는 수천 명의 시간 기록들이 쌓이고 있고, 각자의 기록은 바로 한 사람의 정체성을 나타내는 또 다른 기준이 되고 있어.

따지고 보면, 지구를 위한 노력은 중요하지 않은 게 없잖아. Freaky Fox Crew에서 다양한 여우들이 함께 만나 배우고 즐기는 과정에서 자연스럽게 환경 감수성을 키워나갔으면 좋겠어. 우리는 서로 연결되는 과정이 재미있고, 지구를 위하는 마음도 이렇게 멋있다는 걸 온 세상 모든 인간들에게 다 알리고 싶어!

환경실천은 누구나 생각하곤 하지만, 행동으로 옮기

는 건 쉬운 일이 아니야. 시간과 열정, 에너지가 필요한 일이기도 하지. 없던 용기도 내야 하고, 불편도 감수해야 하며, 삐딱한 시선도 이겨내야 하거든. 이런 상황에서 Freaky Fox Crew의 여우들이 환경에 관한 경험과 실천을 직접 기록하고 서로 칭찬하며 응원해 준다면 환경실천 문화가 더욱 빠르게 확산되고 지속가능해질 거라 믿어.

환경을 살리는 괴짜 브랜드들과의 인터뷰

그런 의미에서 특별한 기록을 준비했어. 인간들이 꼭 알았으면 하는 환경과 관련한 10개의 괴짜 브랜드와 그 성장 과정을 소개하는 책이야. 지구를 살리려는 한 명 한 명의 실천도 중요하지만, 복잡한 인간 세상에서는 이렇게 멋진 브랜드들이 환경에 대해 힘있게 목소리를 내는 것이 훨씬 중요하면서도 효과적이더라고.

이제부터 소개할 10개의 브랜드는 각자의 영역에서 기후위기 시대에 꼭 필요한 역할을 실제 행동으로 보여주고 있는 멋진 스타트업들이야. 이 브랜드들은 각각 지구 환경과 관련한 중요한 키워드를 관통하고 있는데, 이는 다음과 같아.

ESG (Environmental, Social and Governance)

리유즈 (Reuse)

제로웨이스트 (Zero Waste)

업사이클링 (Upcycling)

슬로우 패션 (Slow Fashion)

탄소중립 (Net Zero)

에코 커뮤니티 (Eco Community)

소셜 캠페인 (Social Campaign)

친환경 농부시장 (Eco-friendly Farmers Market)

리사이클링 테크 (Recycling Tech)

어때? 키워드들을 보기만 해도 환경문제의 해결방안과 함께 대안적 희망이 솟구치지 않아? 10개의 매력적이며 마력적인 브랜드 대표들의 인터뷰가 오롯이 담겨 있는 이 책은 특히 이런 사람들에게 도움이 되고 맞춤할 것 같아.

- 기후위기나 환경문제에 관심이 많은 MZ세대
- 친환경, 에코 관련 일을 하고 싶거나 브랜드를 직접 만들고 싶은 사람
- 창의적인 아이디어로 환경문제를 풀어나가고 싶은 사람

- 평소 브랜딩과 마케팅에 관심이 많고, 나만의 브랜딩을 하고 싶은 사람
- 미래 경쟁력을 키우는 조직, 커뮤니티에 관심이 있는 사람

꿈꾸는 법을 모르는 사람들은 Freaky Fox Crew의 행보가 비현실적으로 느껴질지도 몰라. 그러든 말든 우리는 망가진 지구에서도 희망을 품고, 서로를 유연하면서도 선하게 길들이며 앞으로 계속 나아갈 거야. 우리가 찐 진심을 다해 만든 이 책이 우리가 나아갈 길에 나침반이 되어줄 거라 생각해. 그리고 환경을 키워드로 한 힙한 브랜드와 마케팅에 관심이 많은 사람들에게도 이 책이 환한 횃불이 되어줄 거라 믿어!

이 책에 닿은 예비 여우님, 우리 함께 <여우 친구 종신계약서>를 작성하고 미래형 인간들의 유니버스가 될 Freaky Fox Crew 응원단원이 되어 보지 않을래?

ABOUT   STORY   SKULKING   LIBRARY  FREAKY PAPER   로그인

괴짜들에게 괴짜 제보하기 [Freaky Hunter →]   안쓰는 휴대폰에서 보물찾기 ☝ 💎   초대장 : 여우굴 서식지 Fox Earth로 들어와

BE OUR CREW!

길들여질 준비가 된 인간은 들어와!

 Freaky Fox Crew

우리는 전 지구적 기후 변화와 환경위기에 맞서,
개인의 주도적 실천과 연대의 힘이 얼마나 강한지 보여 주고자 만든
웹3 커뮤니티, 괴짜 여우 응원단이야.

여우가 바라는 건 오직 하나, FFC 에서 다양한 괴짜들을 만나고
하고 싶은 활동을 즐기며 함께 응원하기. 당신들이
어떤 상상을 하든 무엇을 실천하든 모든 기록이 말해줄 거야.

각오가 되었다면 지금 바로 Jump !!!

여우 친구 종신계약서

나 ___(이름입력)___ 은/는 자랑스런 괴짜여우들현단의 일현이 되었음으로

다음과 같이 약속합니다 @!

하나. 나는 오늘부터 여우랑 세상에 둘도 없는 친구다

하나. 비 와도 눈이 와도 친구랑 꼭 같이 다닌다

하나. 맨날연날 서로를 생각한다

하나. 다른 여우들랑도 사이좋게 여우짓 한다

하나. 절대 친구한테 배신감 안 느끼게 한다 (먹이 훔치기, 거짓말하기 등등등)

마지막. 나랑 평생 같이 오래오래 행복하게 산다

위의 약속을 어기는 인간은 여우굴 출입 금지다 !!

20 .   .

(갑)   (을)

이름 : 야호   ( )   이름 :   (인)

Contents

ESG
Environmental, Social
Governance

ESG라는 단어, 누구나 한 번쯤은 들어봤을 거야. 최근 들어 ESG라는 단어가 신문과 뉴스에 자주 등장하잖아. '지속가능한 성장을 위한 ESG 경영'이나 '기후위기 시대의 필수, ESG 경영'이라는 제목으로 말이야. 이렇게 언론매체에 자주 등장하는 단어지만 여전히 알쏭달쏭해 하는 사람이 많은 것 같아. ESG는 Environmental(환경), Social(사회), Governance(지배구조)의 첫 글자를 딴 약어라는데, 솔직히 이것만으로는 ESG의 정확한 의미를 알기가 어려워. 대체 ESG가 무엇이기에 지속가능한 성장을 도와주는 것이며, 기후위기 시대의 필수사항이 된 걸까? 지금부터 그 궁금증을 함께 풀어가 보자.

01 ESG는 '환경(Environmental)' '사회(Social)' '지배구조(Governance)'의 약어로, 기업가치에 큰 영향을 주는 비재무적 지표라고 할 수 있다. 다음 세대를 생각하는 '지속가능한 발전'에서부터 시작된 이 용어에는 '기업의 사회적 책임'과 '지속가능한 경영'의 실현을 위한 세 가지 핵심요소를 담고 있다.

02 Environmental(환경)을 뜻하는 첫 번째 요소인 E는 '기업이 환경적 책임을 다하고 지속가능한 환경관리에 기여하는 것'을 의미한다. 환경적 책임의 핵심요소는 탄소배출을 줄이고 탄소중립을 실현하여 기후위기에 대응하는 '탄소배출 관리', 환경오염을 방지하고 생태계를 보호하기 위한 기술과 공정을 개발하는 '환경오염 및 환경규제', 생물 다양성과 자연 생태계의 유지에 기여하기 위해 보호조치를 실현하는 '생물 다양성 보호' 등이 있다.

03 Social(사회)에 해당하는 두 번째 요소인 S는 '기업이 다양한 이해관계자들의 이해와 요구를 충족하며 사회적 책임을 다하고, 이를 관리하여 지속가능한 사회적 가치 창출에 기여하는 것'을 의미한다. 사회적 책임의 핵심요소는 인종·성별·장애 등으로 인한 차별을 없애 '다양성'을 증진시키고, 근로자의 인권을 존중하며 안전하고 공정한 관계를 유지하는 '노동관계'가 있고, 지역사회와의 긍정적 관계 유지를 위한 사회적 투자를 통해 지역사회에 기여하는 '지역사회관계' 등이 있다.

04 Governance(지배구조)를 뜻하는 마지막 요소인 G는 '기업의 경영 구조와 투명성 강화를 통해 각 이해관계자들과의 신뢰를 유지하며 지속가능한 경영을 실현하도록 만드는 것'을 의미한다. 지배구조의 핵심적 요소는 주주 및 이해관계자들의 이익 보호를 위한 책임과 투명하고 효과적인 의사결정을 수행하는 '이사회 및 감사위원회의 구성', 투명하고 정기적인 재무보고를 제공하여 이해관계자들과의 신뢰를 유지하는 '반부패 및 재무보고 투명성', 윤리적인 경영과 관행, 법적 요건을 준수하여 기업의 건강한 경영을 보장하는 '윤리적 경영'이 포함되어 있다.

05 현재 우리가 알고 있는 ESG의 개념은 2004년에 등장한다. 1992년 UNCED 리우선언(지구 정상회담에서 채택된 환경과 개발에 관한 기본원칙을 담은 선언문)에서 세계 3대 환경협약(기후변화협약, 생물다양성협약, 사막화방지협약)이 신설되면서 ESG 중 환경(Environmental) 영역의 기반이 구축되었다. 이후 2004년에 UNGC(UN 글로벌 콤팩트)가 발표한 'Who Cares Wins' 보고서에서 'ESG'라는 용어가 처음으로 등장하게 된다. 이 보고서는 ESG에 관한 기업의 접근방식과 ESG 실천에 대해 조사한 내용을 담고 있으며, 기업들이 ESG 경영을 통해 얻을 수 있는 이점과 이를 실현할 수 있는 다양한 사례 연구 및 분석을 제시하고 있다.

2006년, UN은 UN PRI(UN Principal for Responsible Investment : 책임투자원칙)를 발표한다. ESG를 투자결정과 자산운용에 고려한다는 원칙을 공식적으로 발표한 것이다. 2023년 기준으로 우리나라의 국민연금공단과 한국투자공사 등을 포함해 5,100여 개의 가입 기관을 보유하고 있는 UN PRI는, 금융투자원칙으로 ESG를 강조했다는 점에서 현재 기업들이 실행하고 있는 ESG 경영과 ESG 공시 규제의 초석을 제시했다고 볼 수 있다.

06 ESG가 필수불가결한 경영원칙으로 자리매김한 결정적 사건은 코로나 팬데믹이다. 2019년 12월 중국 우한에서 발생한 이 질병은 전 세계인에게 정신적·경제적으로 심각한 타격을 입혔는데, 그 원인이 기후위기로 인한 생태계 교란과 야생동물들의 서식지 파괴라는 사실이 알려지면서 많은 사람들이 '기후위기'와 '환경보호'에 관심을 가지기 시작했다. 관심의 시작은 곧 소비의 변화로 이어졌다. 2021년 비영리 환경보호단체인 세계야생생물기금(WWF)이 54개 선진국 및 개발도상국을 대상으로 한 조사에 따르면 '지속가능한 상품'에 대한 인터넷 검색이 전 세계에서 71%나 증가했다는 결과가 보고되었다.

07 투자, 소비, 규제의 측면에서 ESG에 대한 요구가 지속적으로 증가하자 기업들 또한 이 흐름을 따라가지 않을 수 없었다. 각국의 기업들은 ESG 조직을 신설했고, ESG 경영원칙을 수립하기 시작했으며 유의미한 성과가 나오기도 했다. 유니레버는 2010년부터 2020년까지 소비자의 1인당 총폐기물을 32%나 감소시켰고, 마이크로소프트는 '전 세계 전력소비량의 100%를 탄소배출 제로 에너지로 충당한다'는 계획 하에 2019년부터 매년 탄소배출량을 감소시키고 있다. 그러나 아직도 갈 길은 멀다. 미국 비영리 컨설팅회사인 FSG 연구팀이 100개의 글로벌 기업을 대상으로 조사한 결과, 대다수 기업의 ESG 경영은 기존 사업이나 프로그램을 새로운 프레임에 끼워 맞춘 것에 가까우며, 기존의 경영노선을 ESG로 확연히 바꾸는 기업은 많지 않다는 결과가 나왔다. 과정에 대한 논의 없이 성과만을 기준으로 ESG 경영을 바라보기 때문이다.

ESG 시대, 물건이 아니라 신념을 판다

파타고니아
Patagonia

ESG 경영의 우수 사례로 빠지지 않고 언급되는 기업이 있다. 이 기업은 일 년 중 가장 높은 매출을 올릴 수 있는 블랙프라이데이에 '우리 제품을 사지 마세요'라는 광고를 내건다. 게다가 해마다 매출의 1%를 '지구를 위한 세금'으로 환경단체에 기부하고, '우리 기업의 최대 주주는 지구'라고 선언하며 2022년 가을부터 순수익 100%를 전 세계에서 진행되는 환경보호 활동에 사용한다. 제품을 생산할 때 발생하는 탄소를 줄이기 위해 힘쓰고, 불필요한 소비를 줄여 오래 입을 수 있는 의류를 만들기 위해서도 고민한다. 또한 전 세계 여러 나라의 지사에는 환경팀이 존재해 각국의 현실에 맞는 환경 이슈와 연관된 크고 작은 환경단체를 적극 지원하고 있다. 아웃도어 브랜드 '파타고니아'의 이야기이다.

기후위기가 빠르게 진행되면서 이제 ESG 경영은 필수과제이자 숙명이 되었다. ESG의 개념이 본격적으로 만들어지기 전부터 선명하고도 투명한 ESG 경영을 실천해 왔던 파타고니아. 이런 파타고니아를 만들어 온 경영철학은 무엇인지, 파타고니아의 스토리를 김광현 팀장에게 들어보았다.

김광현
환경팀 팀장

'파타고니아'는 어떤 브랜드인지 소개 부탁드릴게요.

파타고니아는 1973년에 미국에서 설립된 회사로, 캘리포니아 벤투라에 본사를 두고 있어요. 암벽 등반 장비를 만드는 회사로 시작해, 지금은 의류 비즈니스를 진행하고 있어요. 사람들이 자연 속에서 활동할 때 입는 기능성 아웃도어 의류와 일상생활에서 입는 옷을 함께 생산하는 글로벌 의류 기업입니다. 파타고니아는 우리나라를 포함해 미국, 일본, 호주, 남미, 유럽 등 전 세계에 100여 개 이상의 매장을 운영하고 있어요.

파타고니아 하면 '환경보호'에 굉장히 진심인 기업이라는 점이 우선 떠올라요. 팀장님이 생각하는 파타고니아만의 특별한 점은 무엇인가요?

파타고니아는 '지구환경을 되살리기 위해 사업을 한다'는 미션을 가지고 사업을 운영하고 있어요. 그래서 본사 및 각국의 파타고니아 지사마다 환경팀이 존재해요.

매출을 많이 올리거나 사업 규모를 크게 확장해 주주들에게 더 많은 이익을 돌려주는 것이 일반적인 기업의 운영방식인데, 파타고니아는 '지구 환경보호'라는 가치 달성을 위해 사업을 도구로 활용하는 기업이라고 봐주시면 좋을 것 같아요. 즉, '환경보호'라는 가치가 저희 사업의 모든 영역에 골고루 결합되어 있다는 것이 일반 기업과는 가장 크게 다른 점이고, 더 나아가 현재 긴박하게 다가온 전 지구적 환경문제 해결을 위해 회사의 자원과 예산을 물심양면으로 사용하고 있다는 것도 다른 기업들과는 차별화되는 점이죠.

파타고니아는 이런 비전 아래 지난 수십 년 동안 환경보호를 일관되게 추구해 왔는데, 최근에는 기후위기가 더 심각해지면서 환경에 관한 활동을 파타고니아 내·외부적으로 훨씬 더 강력하게 펼치고 있어요. 그리고 이런 활동을 하면서도 회사가 꾸준히 성장하고 있다는 게 자랑스러워요.

각국의 환경팀은 본사 주도하에 활동이 이루어지나요? 별도의 지침이 있는지 궁금해요.

별도의 지침은 따로 없고, 큰 가이드라인 정도만 있어요. 각 지사에서 중요한 캠페인을 진행하거나 여러 환경단체를 지원할 때는 단독으로 진행하진 않아요. 모두 본사의 담당자들과 논의를 거치죠. 다만 이 경우에도 세세하게 어떤 방식으로 진행하라는 지침 같은 것은 따로 없어요. 파타고니아가 추구해 온 핵심가치에 따라 방향성을 정하고 활동을 진행합니다.

하나의 예를 들어 볼게요. 파타고니아는 '강이나 하천에 건설된 불필요하거나 더 이상 사용하지 않는 보는 철거해야 한다'는 입장을 가지고 있어요. 그래서 이에 대해 캠페인이나 매체 보도를 통해, 아니면 매장을 통해 철거에 대한 지지의 목소리를 내죠. 또 '기후위기 문제를 적극적으로 해결해야 한다' '국립공원은 보존해야 한다' 등의 환경을 위한 명확한 입장이 있어요. 이처럼 본사에서 진행하는 방향성에 따라 각국에 맞는 이슈를 찾고, 그것을 캠페인으로 진행할 것인지, 환경단체를 지원하는 방법으로 할 것인지 등을 본사와 논의하죠. 파타고니아의 방향성을 따르고 있다면 활동하는 데에는 많은 자율성이 주어져요. 그리고 저희 구성원들이 환경과 관련해 실행하고 싶은 액션이 있으면 기획안을 만들어 제안할 수도 있고요.

저희는 비영리 환경단체의 활성화를 위해 노력하고 있어요. 지구를 위한 세금이라 부르는 '1% For The Planet'가 대표적이죠. 최근에만 해도 글로벌 차원에서는 매년 100억 원 이상의 예산을 사용하여 생물 다양성, 기후위기, 생태

보전 등 다양한 환경문제를 해결하기 위해 활동하는 1,000개 이상의 환경단체를, 국내에서는 40~50개 환경단체의 활동을 지원하고 있어요. 파타고니아코리아에서도 전국에서 발생하고 있는 환경문제들을 해결하기 위한 활동을 널리 알리고, 일반 시민들이 환경단체들과 만날 수 있도록 노력하고 있어요.

파타고니아의 창업자인 이본 쉬나드 회장님의 행적을 보면 환경보호에 관한 기업의 방향성이나 ESG 경영의 진정성이 십분 느껴져요. 회장님은 어떤 분인가요?

이본 쉬나드 회장님을 뵙고 말씀을 나눌 기회가 있었어요. 회장님은 워낙 모험가적 기질이 강하신 분이라 젊은 시절에는 집도 없이 차에서 생활하기도 했고, 여름에는 바다에서 서핑하며 방랑자처럼 살았어요. 암벽 타는 걸 좋아해 암벽을 타면서 암벽 등반 장비를 만드셨죠. 늘 스스로를 사업가라기보다 직공이나 대장장이, 좋은 말로 하면 장인이라고 표현해요. 산과 자연을 워낙 좋아하다 보니 자연스럽게 환경문제를 깨닫게 되었고, 자신이 만든 기업이 일으키는 환경문제와 이를 해결하는 방법에 대해 고민하고, 나아가 회사의 사업을 환경문제 해결의 도구로 활용하는 방법까지 생각하게 되었죠. 회장님의 젊은 시절 일화나 다양한 내용들은

《파타고니아, 파도가 칠 때는 서핑을》에 잘 나와 있어요.

회장님은 젊은 시절에 자기가 만든 등반 장비가 암벽을 파괴하는 걸 보고 환경보호에 눈을 뜨셨다고 해요. 그때부터 환경 관련 책을 탐독하고 환경을 보호하는 사람들과 교류하면서 많은 것을 배웠고, 그렇게 배운 것들을 비즈니스에 적용하기 시작했죠. 환경에 관한 신념을 가진 창업자가 있기 때문에 파타고니아라는 회사가 중요한 가치를 계속해서 유지해 나갈 수 있다고 생각해요. 실제로 만나 보면 대단히 소탈하고 검소하고 겸손하세요. 그리고 환경보호에 대해 아주 강한 사명감과 책임감을 가지고 계시죠.

회장님은 자신이 쓴 글과 거의 일치하는 삶을 살고 있다고 생각해요. 2022년에는 본인이 가지고 있던 4조 원 상당의 지분을 전부 비영리 조직에 기부했어요. 자식들에게 상속할 수 있었던 수조 원 상당의 돈을, 영원히 환경보호에 쓸 수 있도록 하기 위해 회사의 구조를 바꾸면서까지 기부한 거죠.

저는 회장님의 환경에 관한 철학과 정신에 깊이 감동하고 감화되어 우리나라에서도 그 정신을 이어가고 싶다는 강한 마음을 가지게 됐어요. 사업적 성취를 넘어 비즈니스의 철학을 환경적으로 재정립하고 '환경보호'라는 가치를 뚜렷하게 실천하고 있는 모습이 예나 지금이나 너무 존경스럽습니다.

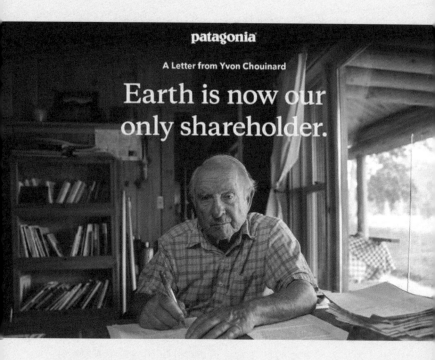

2022년 가을 파타고니아 창업자인 이본 쉬나드는
본인과 가족들이 가지고 있었던 4조 원 상당의 회사 지분을
'우리의 유일한 주주는 지구입니다'라는
성명서 발표와 함께 모두 비영리 조직에 기부했다.
이로써 파타고니아의 비즈니스에서 발생하는 순수익은
모두 비영리 조직을 통해 환경보호에 쓰이게 되었다.

파타고니아의 방향성이 한국 지사인 파타고니아코리아에서도 잘 실현되고 있다고 생각하나요?

최대한 실현하려고 노력해요. 그게 본사 경영진의 뜻이기도 하고요. 본사에 출장을 가면 CEO나 임원 분들을 만나는데, 그분들도 한국에서 파타고니아가 파타고니아답게 자리 잡기를 바라고 있어요. 성장을 하지만 급격하지 않게 건강하게 성장하고, 매장을 찾아주는 고객들이 그저 신제품 구입을 위해 파타고니아를 찾는 게 아니라 오래 입을 수 있는 좋은 옷을 사기 위해, 또 파타고니아의 철학을 지지하고 저희 브랜드를 정말 신뢰해서 찾아주기를 바라고 있어요. 그 중 가장 중요한 것은 환경문제 해결을 잘 해내는 것이죠.

이본 쉬나드가 책에 써 놓은 철학들과 파타고니아에서 만들어 온 50년의 경험들이 우리나라에서 잘 구현되게 하는 게 파타고니아코리아에서 일하는 모든 구성원들의 업무이자 미션입니다.

의류산업 자체가 환경을 많이 오염시키는 산업이잖아요. 파타고니아도 의류 기업이기 때문에 이런 문제에서 자유롭지 못할 것 같아요.

저희는 의류 비즈니스가 환경에 피해를 끼친다는 것을 아주 잘 알고 있어요. 그래서 환경 피해를 줄여나가는 게 파타고니아의 목표이자 책임이라고 생각해요. 그렇기에 제품 생산과정에서 발생하는 환경적인 악영향을 줄이기 위해 노력하고 있어요. 소재 같은 경우, 합성소재는 2025년까지 100% 리사이클 소재를 사용하려고 해요. 현재는 전체 합성소재 중에서 리사이클 소재 비율이 80% 정도지만 100%로 만들 목표를 가지고 있고, 면 소재의 경우는 유기농 면이나 재생 면만 쓰려고 하고 있어요.

제품 생산공장은 환경영향을 엄밀하게 평가해서 제품을 잘 만드는 것뿐만 아니라 환경에 피해를 줄이는 시스템과 기술 등의 인증을 모두 받은 곳이어야 파타고니아와 일할 수 있어요. 또 공장이 환경에 미치는 영향을 줄이는 작업에 계속 투자하고, 의류 비즈니스 안에서의 탄소중립 플랜과 같은 장기적인 로드맵도 세우고 있어요.

소비 문화적인 측면에서 보자면, 저희는 고객들이 파타고니아 제품을 사서 오래 사용하기를 바라고 있어요. 그래서 제품을 만들 때 오래 입을 수 있도록 품질과 내구성 강화를 아주 중요하게 생각합니다. 다른 제품보다 파타고니아의 제품이 비싼 이유는 좀 더 뛰어난 품질의 원단과 환경영향을 줄이는 소재, 봉제 방식들을 채택하기 때문이에요. 패스트 패션 브랜드들과 비교했을 때에는 가격 차이가 크게 나는데, 가격을 낮추면 당연히 품질은 떨어질 수밖에 없거든요. 저희는 좋은 옷을 만들고 싶고, 많은 사람들이 그 좋은 옷을 사서 가능하면 오래 입어줬으면 좋겠어요. 옷을 오래 입으면 그만큼 환경에도 나쁜 영향을 덜 끼칠 수 있기 때문이죠.

환경에 악영향을 끼치는 산업군 2위가 의류산업이라고 하는데, 그런 산업 체제 안에서 이상을 실현하기는 정말 쉽지 않을 것 같아요.

저희는 제품을 생산하는 과정에서 만들어 낸 피해가 마이너스 100이면, 운영을 하면서 플러스 100을 기어코 만들어 플러스마이너스 제로(±0)로 만들려 해요. 그게 탄소중립의 기본개념이기도 하고요. 그리고 재생(Regeneration)의 개념을 도입해 플러스를 더 늘리려고 노력하고 있어요. 언젠가는 플러스가 훨씬 더 많아지는 날이 오리라 믿어요.

소재적인 부분에서도 100% 재생소재를 쓰고, 파타고니아에서 생산한 제품 중 못 입는 옷이나 너무 오래 입어서 버려야 하는 옷은 저희가 수거하고 재생해서 새 옷을 만드는 기술을 개발하고 있어요. 그리고 대륙마다 중요한 지역의 숲을 보전하는 등 대규모의 환경보호를 진행하면서 플러스를 만들어 나가고 있고요.

의류산업에서 재고폐기 문제가 굉장히 심각하다고 알
고 있는데, 재고폐기 문제는 어떻게 대처하고 있나요?

재고가 많이 남는 근본적인 이유는 기업들이 매출의
극대화를 위해 제품을 대량생산하기 때문입니다. 하지만 파
타고니아는 특정 제품이 유행해도 계획한 수량 이외에 추가
적인 생산은 하지 않아요. 생산할 때도 엄청나게 많은 계산
과 시장조사를 통해 최적의 수량만 생산하죠. 파타고니아에
서는 재고를 거의 남기지 않거나 최소화하는 방식으로 비즈
니스를 진행합니다.

요즘은 '가치를 중심에 두고 소비를 한다'는 '가치소
비' '윤리적 소비'라는 말이 많이 대두되는데, 파타고
니아가 가치소비의 중심에 있다는 생각이 들어요.

젊은 세대를 중심으로 가치를 우선에 두고 소비하는
사람이 늘어나는 추세예요. 하지만 제 생각에 '가치소비'라
는 말은 반은 맞고 반은 틀린 것 같아요. 가치를 생각하긴 하
지만 구매 결정에는 가치보다 현실적인 기준을 우선하는 경
우를 많이 보거든요. 결국 옷을 구매하는 결정적인 요인은
'고객이 원하는 품질을 만족시킬 수 있느냐 없느냐'인 것 같
아요. 100% 리사이클 소재로 만들었다고 해도 고객이 원하
는 디자인과 품질을 유지할 수 있어야 시장에서 선택받을 수

있는 거죠.

요즘 대형 의류 브랜드들이 리사이클 소재를 활용한 제품을 많이 만들고 있지만, 친환경 소재 이전에 더 중요한 것은 소재의 질감, 디자인, 컬러, 착용감과 같이 기본적으로 옷이 가지고 있어야 하는 기능적이면서도 미적인 부분이에요. 저희는 친환경 소재도 중요하지만, 옷의 품질과 기능을 최대한 고려해서 옷을 만들고 있어요.

파타고니아는 2011년 11월 블랙프라이데이에 'DON'T BUY THIS JACKET'이라는 광고를 뉴욕타임스에 실었어요. 블랙프라이데이에 '이 재킷을 사지 마세요'라는 광고는 어떤 의미가 있는 건가요.

블랙프라이데이는 전통적으로 미국에서 소비를 가장 많이 하는 날이에요. 그때가 추수감사절 기간이기도 해서 많은 브랜드들이 80~90%까지 전폭적인 세일을 하거든요. 그렇다 보니 사람들이 1년 내내 소비를 안 하다가 그때 몰아서 한 번에 너무 많은 소비를 하게 돼요. 그래서 일부러 그 시점에 맞춰 광고를 진행했어요. '세일 시즌이라고 옷을 마구잡이로 사지 말고 환경을 위해 소비를 줄이자'라는 의미에서요.

파타고니아는 '너무 많은 소비는 지구환경을 위해 바람직하지 않다'고 생각하고 있어요. 지구의 자원은 한정되어 있잖아요. 한정된 자원을 무작정 사용하기만 해서는 성장과 생산이 계속 지속될 수 없다는 것을 너무나 잘 알기 때문이죠.

환경을 살리려면 기업이 가장 먼저 변해야 하지만, 또한 기업의 제품을 사는 사람들도 변해야 해요. 사람들이 소비를 많이 하면 할수록 더 많은 제품을 만들어 내야 하잖아요. 그렇게 되면 환경에 끼치는 피해가 커지니까 가능하면 소비를 줄이자는 메시지를 광고에 담은 거죠. 어떤 면에서 보면 역설적이기도 해요. 실제로 이중적이라는 비판을 받기도 했고요. '옷 사지 말라고, 옷 고쳐 입자고 하면서도 계속 옷을 팔고 있지 않느냐'고요. 파타고니아도 신제품을 계속 발매하고 있으니까요.

파타고니아라는 회사 역시 지구환경을 되살리고 싶은 바람과 기업으로서 이윤을 내야 하는, 어찌 보면 모순적인 상황을 극복해야 하는 숙제가 늘 있어요. 하지만 이런 숙제를 풀어나가려고 노력하는 게 결국 환경을 지키며 건강한 비즈니스를 할 수 있는 방법이라고 생각해요. 이런 파타고니아의 특별한 상황은 결국 책임경영의 베이스가 되기도 하죠. 친환경성, 사회적 책임경영, 지배구조 개선 등이 파타고니아가 현실적으로 추구하는 기업윤리, 경영, 운영에 두루 배어 있으니까요.

DON'T BUY
THIS JACKET

It's Black Friday, the day in the year retail turns from red to black and starts to make real money. But Black Friday, and the culture of consumption it reflects, puts the economy of natural systems that support all life firmly in the red. We're now using the resources of one-and-a-half planets on our one and only planet.

Because Patagonia wants to be in business for a good long time – and leave a world inhabitable for our kids – we want to do the opposite of every other business today. We ask you to buy less and to reflect before you spend a dime on this jacket or anything else.

Environmental bankruptcy, as with corporate bankruptcy, can happen very slowly, then all of a sudden. This is what we face unless we slow down, then reverse the damage. We're running short on fresh water, topsoil, fisheries, wetlands – all our planet's natural systems and resources that support business, and life, including our own.

The environmental cost of everything we make is astonishing. Consider the R2® Jacket shown, one of our best sellers. To make it required 135 liters of

COMMON THREADS INITIATIVE

REDUCE
WE make useful gear that lasts a long time
YOU don't buy what you don't need

REPAIR
WE help you repair your Patagonia gear
YOU pledge to fix what's broken

REUSE
WE help find a home for Patagonia gear
you no longer need
YOU sell or pass it on*

RECYCLE
WE will take back your Patagonia gear
that is worn out
YOU pledge to keep your stuff out of
the landfill and incinerator

REIMAGINE
TOGETHER we reimagine a world where we take
only what nature can replace

water, enough to meet the daily needs (three glasses a day) of 45 people. Its journey from its origin as 60% recycled polyester to our Reno warehouse generated nearly 20 pounds of carbon dioxide, 24 times the weight of the finished product. This jacket left behind, on its way to Reno, two-thirds its weight in waste.

And this is a 60% recycled polyester jacket, knit and sewn to a high standard; it is exceptionally durable, so you won't have to replace it as often. And when it comes to the end of its useful life we'll take it back to recycle into a product of equal value. But, as is true of all the things we can make and you can buy, this jacket comes with an environmental cost higher than its price.

There is much to be done and plenty for us all to do. Don't buy what you don't need. Think twice before you buy anything. Go to patagonia.com/CommonThreads or scan the QR code below. Take the Common Threads Initiative pledge, and join us in the fifth "R," to reimagine a world where we take only what nature can replace.

patagonia.com

*If you sell your used Patagonia product on eBay® and take the Common Threads Initiative pledge, we will co-list your product on patagonia.com for no additional charge.

TAKE THE PLEDGE

파타고니아에서는 '옷을 다시 입고 오래 입자'는 '원웨어(Worn Wear)'라는 캠페인을 진행하고 있죠? 구체적으로 어떤 내용인가요?

옷을 사는 것, 소비하는 것을 줄이기 위해 시작한 캠페인이에요. 옷 소비를 줄이려면 오래 입어야 하고, 그러려면 수선이 필요하죠. 파타고니아에서는 자사 제품이 아닌 옷들도 수선해 줘요. 간단한 수선은 무료이고, 비용이 들어가는 수선은 최소한의 비용만 받고 있는데, 아직까지 우리나라에서 수선은 긴소매를 줄이거나 바지통을 줄이는 것으로 생각하시는 분들이 많은 것 같아요. 하지만 오래 입어 낡은 옷을 수선하는 인구도 꾸준히 늘고 있어요. 수선하러 오시는 분들의 오래 입은 옷에 대한 애정에 저희가 감동하는 경우도 꽤 있어요. 파타고니아 철학을 좋아하거나 저희 옷을 오래 입는 분들은 옷에 대한 애정이 꽤 깊거든요.

브랜드의 정체성은 결국 그 옷을 입는 사람들이 만들어 가는 거라고 생각해요. 유명한 스타를 섭외해서 새로운 옷 광고를 하는 것도 중요하지만 결국 브랜드든 사람이든 '자기다워지는 것'이 더 중요한 것 같아요. 브랜드도 사람이랑 비슷해서 그렇게 자기다움을 확보해야 개성과 정체성이 생기고, 그것이 자연스럽게 차별화로 이어진다고 생각해요.

patagonia
patagonia
patagonia
patagonia
patagonia
WORN
55
56
57
58
59

파타고니아 하면 앞에서 언급한 '1% For The Planet'라는 활동을 빼놓을 수 없을 것 같은데요, 구체적으로 어떤 활동인가요?

'1% For The Planet'는 파타고니아에서 1980년대 중반부터 시작한 활동으로, 매출의 1%를 환경단체에 기부하는 캠페인이에요. ESG로 말하자면 Environment의 역할을 꽤 오래전부터 해온 거죠. 이 역사는 1970년대로 거슬러 올라가요.

미국 캘리포니아에 있는 파타고니아 본사 옆에 '벤투라'라는 강이 있는데, 이 강은 태평양으로 흘러 들어가요. 그런데 1970년대에 시에서 벤투라 강의 입구를 시멘트로 덮어서 막아버리겠다고 발표했어요. 당시 파타고니아 본사에서도 이 문제에 대해 지대한 관심을 가지고 있었어요. 어느 날 시에서 강을 어떻게 처리할 것인지 공청회를 했는데, 전문가들은 이 강은 죽은 강이어서 생물이 살지 않는 강이라고 함부로 평가를 내렸어요. 그때 공청회장에 있던 마크 카펠리라는 젊은 청년이 일어나 자기가 강에서 생물학 연구를 하면서 찍어왔던 사진을 보여줬어요. 강에 사는 송어, 연어, 새들의 사진들을 보여주면서 이 강을 보존해야 한다고 주장했고, 결국 시에서도 벤투라 강을 보존하기로 결정했어요.

그 일을 계기로 파타고니아는 환경문제에 팔을 걷어

붙이고 활동하는 사람들이 바꿀 수 있는 변화에 관심을 가지게 되었고, 정식으로 캠페인을 진행하기 시작했어요. 이후 적자가 나도 흑자가 나도 매출의 1%를 '1% For The Planet'라는 이름으로 환경단체에 지원하고 있어요. 파타고니아코리아에서도 2014년부터 '1% For The Planet' 프로그램을 운영하고 있습니다.

크고 작은 환경단체에 많은 응원과 도움이 되고 있을 거라고 생각해요. 지원 단체를 선정하는 기준이 있나요?

환경단체를 선정하는 기준은 크게 세 가지예요. 지역성, 긴급성, 현장성. 저희는 지역 현장에서 긴급한 환경문제 해결을 위해 활동하는 시민조직이 환경문제 해결에 있어 매우 중요하다고 생각하고 있어요. 보통 기업들이 NGO 단체에 기부할 때는 홍보 효과를 생각하기 때문에 이름 있는 큰 조직에 큰돈을 기부하는 경우가 많아요. 하지만 파타고니아의 기부는 홍보를 고려하지 않습니다. 환경운동의 활성화가 최우선입니다.

지원이 대체적으로 풀뿌리 환경단체로 집중되는 건 작은 환경단체들에게 큰 힘을 주는 고무적인 일인 것 같아요.

파타고니아가 한국에서 연대하는 40~50개의 환경단체는 주로 환경을 망가뜨리는 개발 프로젝트에 맞서 싸우는 조직이 많아요. 대표적으로 제주 강정 앞바다 연산호 군락지를 10년 이상 조사하고 산호보전의 중요성을 알리고 있는 '강정친구들', 지리산 산악열차 반대, 섬진강, 광양만 생태보전활동을 진행하는 '하동참여자치연대', 비무장지대의 생태적 가치를 알리고 보전하기 위해 민통선 생태계 조사를 꾸준히 하고 있는 'DMZ생태연구소', 제주의 곶자왈 보호영역을 지정하고 곶자왈을 적극 보호하고 있는 '곶자왈사람들', 한강과 주변 하천에 살고 있는 수달 서식지 보전, 하천 생태조사 등을 진행하고 있는 '서울수달보호네트워크' 등이 있어요.

이들은 정부나 지자체의 지원도 기업이나 재단의 지원도 받지 못하는, 대부분 개인의 후원으로 운영되는 작은 조직들이에요. 활동예산이 부족한 경우도 많고, 단체라고 하지만 치열하게 활동하는 활동가가 대표 포함 1~2명 정도인 단체도 많아요. 저희는 그런 조직들을 우선해서 연대하고 있습니다.

후원했던 단체 중 가장 기억에 남는 단체가 있나요?

거의 대부분이 기억에 남아서 몇 개만 뽑기가 힘드네요. 그중 '습지와 새들의 친구'라는 환경단체가 있는데, 이분들은 지난 겨울 내내 부산시청 앞에서 텐트를 치고 노숙시위를 하셨어요. 부산시는 낙동강에 대교들을 많이 짓고 있는데, 필요에 의해 짓는 게 아니라 사업을 위해 짓는 것들이 많아요. 낙동강 하구지역은 특히 철새들이 많이 찾아오기 때문에 아주 중요한 보호구역인데, 대교가 계속 건설되면 철새들이 서식지를 잃게 돼요. 그걸 막기 위해 추운 날씨에도 시청 앞에서 계속 싸우셨던 거예요.

그리고 황윤 감독의 영화 <수라>에 나온 '새만금시민생태조사단' 같은 경우도 600일이 넘게 환경부 앞에서 텐트를 치고 시위를 이어가고 있어요. 이분들은 오로지 새만금 주변의 자연과 갯벌을 지키고 보호하기 위해 신념을 가지고 수십 년간 활동을 하고 있어요. 누가 시키지도 않았고 자기에게 이익이 되는 일이 아닌데도 정말 헌신적으로 자기가 사는 지역의 자연을 지키기 위해 목숨을 걸었다고 할 정도로 싸우고 있는 분들이에요. 정말 존경스러워요.

파타고니아코리아에서는 이런 분들을 찾아가 조금이나마 힘을 보태기 위해 작은 일을 하는 건데, 이런 분들을 볼 때마다 그 귀한 행보에 망가진 환경에 대한 희망도 생기고 가슴이 먹먹해져요. 저희에게 중요한 것은 꾸준히 연대해서 활동가 분들이 오래도록 활동할 수 있도록 힘을 보태는 것이라고 생각해요.

파타고니아에서는 직원들의 환경운동을 적극 지원하는 차원에서 원하는 환경단체에 가서 활동할 수 있도록 지원하고 있다고 알고 있어요.

파타고니아 본사에서는 그렇게 하고 있어요. 본인이 원하는 기간, 보통 3주에서 한 달 정도 정해진 기간에 원하는 환경단체에서 일할 수 있는 기회가 주어져요. 그런데 현실적으로 한 달 정도 자리를 비우기는 어려우니 기간을 나눠서 진행하죠. 인턴십이나 봉사활동도 가능해요.

파타고니아코리아에서도 2024년부터 시행할 예정이에요. 예를 들어보면 마르쉐@ 같은 곳에서 자원활동가를 모집할 때 저희 직원이 원할 경우 자원활동을 신청하고 활동한 시간만큼 업무시간으로 인정해 주는 거죠. 실제로 현장에서 경험하면서 배울 수 있는 부분이 있거든요. 그래서 파타고니아코리아도 미국 본사처럼 이 프로젝트를 지원하려고 준비 중입니다.

파타고니아 환경팀 팀장으로서 여러 가지 캠페인과 프로젝트를 진행하면서 소비자와 기업이 ESG적으로 바뀌고 있다고 체감될 때가 있나요?

제가 환경팀의 팀장을 처음 맡을 때에 비하면 지금은 ESG, 즉 지속가능경영이라는 말이 주변에서 엄청나게 많이 들리고 있어요. 의류 브랜드들도 친환경 소재를 많이 쓰기 시작했고, 각 기업들 역시 환경적인 측면에서 많은 전환을 감행했죠. 탄소배출을 줄이는 것에서부터 환경분야 사업영역의 개발까지 많은 변화가 있었어요. 바뀌고 있는 건 확실한 것 같아요. 그만큼 '기후위기'로 대표되는 환경문제가 심각해졌다고 볼 수도 있겠죠.

이본 쉬나드 회장님이 회사의 지분을 통째로 기부한 가장 큰 배경 또한 기후위기라는 환경문제가 급속도로 심화되고 있고, 지구가 우리의 생각보다 훨씬 빠른 속도로 심각하게 망가지고 있다는 위기의식 때문이에요. 그래서 매출의 1%가 아니라 더 많은 돈을 환경보호에 써야 한다고 판단한 거죠. 환경이 망가져 가고 있는 것에 대한 절박함과 위기감은 점점 더 커져가고 있어요.

파타고니아가 느끼는 위기감은 다른 회사들과 조금 달라요. 파타고니아는 '지구와 환경이 망가져 가고 있다'는 것 자체에 위기감을 느끼고 있어요. 지구가 망가지면 인간이 살 수 없고, 그러면 사업도 할 수 없고 아무것도 못하잖아요. 그렇기 때문에 파타고니아는 전사적으로 '환경보호'에 모든 것을 쏟아붓고 있는 거예요.

현재 파타고니아코리아에서 가장 관심 있게 보고 있는 환경문제는 무엇인가요?

파타고니아코리아에서는 우리나라 전역에서 진행되고 있는 크고 작은 환경문제에 모두 관심을 가지고 있어요. 기본적으로는 규모가 작은 환경 이슈를 소중히 여기지만, 국립공원의 보전이나 해양보호, 강의 복원과 같은 국가적 차원의 환경문제 해결에 어떻게 기여할 수 있을까에 대해서도 고민하고 있습니다. 중점적으로 봐야 할 환경 이슈들이 워낙 많기도 하고 예산의 규모도 확정된 것은 아니기 때문에 아직은 더 논의가 필요하죠. 아무튼 가장 최전선의 긴급한 환경문제에 예산을 많이 쓰고 싶고, 파타고니아코리아가 한국에서 환경문제에 예산을 가장 많이 쓰는 기업이 되고 싶어요.

파타고니아코리아의 목표와 앞으로의 계획은 무엇인가요?

지금까지 쭉 거론했던 파타고니아와 이본 쉬나드의 건강한 비즈니스 철학을, 빠르게 변화하는 한국 시장에서도 실현하고 싶어요. 우리나라에서도 파타고니아의 방식대로 사업을 하면서 건강하고 튼튼하게 뿌리를 내리고, 사람들에게 꾸준히 사랑받는 브랜드가 되고자 하는 목표가 있죠. 매출을 몇천억씩 달성하는 브랜드가 되기보다 건강한 기업이 되었으면 좋겠다고 생각해요. 또한 구성원들이 자유롭고 행복하게 일할 수 있는 조직을 만드는 것도 중요한 미션이자 목표예요.

앞으로의 계획 역시 한결같습니다. 파타고니아를 더 파타고니아답게 만드는 것, 한국 시장에서 비즈니스적으로 자리를 잘 잡는 것, 그리고 환경문제와 관련해 기후위기의 최전선에서 싸우고 있는 전국의 환경단체들과 계속 긴밀하게 연대하는 것, 환경단체와 관련한 지원을 꾸준하게 확대해 나가는 것…. 이러한 활동 외에도 현장 활동가들과 함께 지속적으로 다양한 캠페인을 진행하려고 하고 있어요. 앞으로는 파타고니아코리아 매출의 1%만이 아니라 더 많은 예산을 우리나라의 환경문제 해결을 위해 사용하게 될 것 같아요. 어떤 환경 이슈를 선택할 것인지, 어떻게 지원할 것인지는 계속해서 논의하고 있어요.

환경팀에서 일하면서 개인적으로 성장한 부분도 많이 있을 것 같아요.

개인적인 목표를 먼저 말씀드리자면 딱 하나예요. 파타고니아코리아의 환경팀 팀장으로 일하면서 우리나라의 환경문제 해결에 조금이라도 더 기여할 수 있었으면 좋겠다는 것. 비록 그것이 어려운 싸움일지라도 계속 연대하며 함께하고 싶어요. 저희는 여러 단체와 활동가에게 예산을 지원하고 있지만 '지원'이라는 표현보다 '연대'라는 표현을 더 선호해요. 지원이라고 하면 어려운 사람을 도와준다는 느낌이 들잖아요. 내가 힘이 있어서 힘이 없는 누군가를 도와준다는 느낌의 표현을 쓰고 싶지 않아요. 동등한 입장에서 손을 잡고 계속 '연대'해 가고 싶다는 것이 파타고니아코리아와 제 개인의 동일한 목표예요. 배움과 성장은 그 과정 안에서 생겨난다고 생각해요.

힘들고 좌절할 때도 있지만 이렇게 매일 고민하면서 지내는 일들이 즐겁고 또 행복해요. 내가 바라던 곳에서 일을 하고 있고, 내가 존경하는 사람을 직접 만나면서 훌륭한 사람들과 같이 일할 수 있다는 것도 감사하고요. 이본 쉬나드 회장님이 80대 중반이거든요. 그런데도 청년처럼 열정적으로 환경문제에 대해 생각하고, 사업에 있어서도 끊임없이 고민과 도전을 해요. 저도 그분처럼 열정적이면서도 행동하는, 그러면서도 늘 겸손한 사람으로 늙어가고 싶어요.

리유즈

Reuse

혹시 '아나바다'라는 말을 들어 봤어? '아껴 쓰고, 나눠 쓰고, 바꿔 쓰고, 다시 쓰자'라는 의미를 담고 있어. '다시 사용한다' 는 뜻의 리유즈(Reuse) 역시 아나바다 운동과 비슷해. 다만 이 전에는 경제적인 이유로 운동을 전개했다면, 지금의 리유즈 는 환경적인 부분에 목적이 있어.

그런데 리유즈(재사용)는 리사이클(재활용)과 뭐가 다를까? 리 사이클은 기존의 물건을 녹이거나 분해하는 등 한 번 가공한 뒤에 새로운 물건을 만드는 거고, 리유즈는 물건의 원형을 보 존하며 처음 의도대로 다시 사용한다는 의미를 가져. 리사이 클은 가공과정에서 추가적인 연료(에너지)가 필요하지만, 리유 즈는 수선해서 다시 사용하기 때문에 더 환경친화적이야. 그 럼 리유즈는 어떻게 전개되고 있는지 조금 더 알아볼까?

01 재사용(Reuse)이 재활용(Recycle)에 비해 환경영향 면에서 효과적인 부분은 여러 가지가 있다. 첫째, 원료가 되는 자원소비를 줄일 수 있다. 재사용은 기존 물건을 가공 없이 그대로 사용하기 때문에 훨씬 적은 양의 자원을 필요로 한다. 둘째, 재활용은 자원을 수집하고 가공하는 데 에너지와 화학물질을 소비한다. 반면 재사용은 이런 과정을 생략함으로써 환경영향 비용을 줄일 수 있다. 셋째, 재사용은 추가적인 폐기물을 줄일 수 있다. 기존의 물건을 가공하는 과정에서 생기는 폐기물이 재사용에서는 발생하지 않는다. 넷째, 재사용은 비용을 절감할 수 있다. 다만 기본 생산단가가 높은 편으로, 일정 횟수 이상을 사용해야 한다. 다섯째, 소비행동의 변화를 첨예하게 인식할 수 있다. 더 나아가 사회적 책임감을 학습할 수 있다.

02 글로벌플라스틱정책센터(Global Plastics Policy Centre)에서는 자체 보고서를 통해 리유즈 시스템의 효과를 분석했는데, 리유즈 시스템을 도입하면 2040년까지 일회용 플라스틱의 약 80%를 줄일 수 있다고 한다. 이를 통해 이산화탄소 배출량을 30%까지 감소시킬 수 있는데, 이는 리유즈 시스템을 구축하는 데 드는 운송과 세척 에너지까지 고려해 계산한 결과다. 물 사용량 또한 일회용 컵 500개를 생산할 때 1,400리터의 물을 사용하는 반면, 다회용 컵 하나를 500회 세척할 때에는 200리터로 대폭 감소한다.

03 리유즈를 실천하는 대표적인 도시로는 미국의 시애틀을 꼽을 수 있다. '리유즈 시애틀(Reuse Seattle)'은 민관이 협력해 기업과 시민이 다회용기를 사용하도록 유도하는 도시 주도 프로젝트다. 다회용기의 수집, 운송, 세척 및 디지털 인프라 시스템을 구축함으로써 폐기물 없는 도시를 목표로 한다. 리유즈 시애틀은 푸드 서비스의 전환을 통해 구체적인 청사진을 제시했는데, 도시 전체 일회용품의 86% 감축, 요식업계의 다회용기 전환을 통한 50억 달러(6조 6천억 원) 절감, 폐기물 처리비용 51억 달러(6조 8천억 원) 절감, 연간 8억 4,100만 개의 일회용 식품 포장재와 원료 750만 톤 감축, 리유즈 시스템 구축을 통한 일자리 19만 개 창출 등을 목표로 한다.

04 산업적으로 주목받고 있는 리유즈 분야는 폐배터리 활용이다. 전기차 시장이 성장함에 따라 수명을 다한 폐배터리 발생이 새로운 문제로 부상했다. 전기차에 사용하는 리튬이온배터리는 20만km 이상 주행하면 성능이 떨어져 교체할 시기가 오는데, 버려지는 폐배터리의 70%는 재사용 또는 재활용할 수 있다. 이때 재활용은 파쇄(가공) 후 원료 사용이라는 점에서 추가 공정이 필요하지만, 재사용의 경우 ESS(전력을 따로 저장했다가 필요한 시기에 공급하는 시스템) 또는 소형 전동 모빌리티로 활용하게 된다. 국내 배터리 재활용 시장 규모는 2030년 12조 원까지 급성장할 것으로 전망된다.

05 일상에서 흔하게 접할 수 있는 개인 간(C2C) 리유즈의 대표 사례는 '당근마켓'을 들 수 있다. '당신 근처의 마켓'이라는 의미로 시작한 당근마켓은 사용하지 않는 물건을 필요한 사람에게 판매하는 중고거래 플랫폼 서비스를 제공한다. 2021년 기준, 1억 5,500만 건의 거래가 이루어졌는데, 이는 5,240만 그루의 소나무를 심은 것과 같은 자원순환 효과, 732만 톤의 온실가스 저감효과를 가져온다고 평가된다.

수많은 일회용 플라스틱을
획기적으로 처리하는 해결사

트래쉬버스터즈
Trash Busters

It's
not a
big
deal

단언컨대 플라스틱은 인류 역사상 역대급 발명이었다. 편리하고 저렴하며 접근성이 좋아 누구나 쉽게 만들어 사용했다. 그리고 쉽게 버릴 수 있었다. 아니, 쉽게 버려도 되는 줄 알았다. 그렇게 남용된 플라스틱은 고스란히 인류를 위협하는 무기가 되어 돌아왔다. 플라스틱이 더는 인류의 우호적인 친구가 아니라는 걸 깨닫고 난 뒤, 사람들은 문제해결을 위해 머리를 맞댔다. 하지만 딱딱하고 실효성 없는 규제는 실제 사용자들에게 환영받지 못했다. 이처럼 누구도 효과적으로 처리하지 못한 플라스틱 빌런은 인류와 지구를 위협하고 있다. 바로 이 위기의 시점에 트래쉬버스터즈가 등장했다.

시대를 불문하고 예술가들은 남다른 방식으로 문제를 해결하곤 했다. 때로는 우스꽝스럽고, 또 때로는 무모해 보이기까지 한 그들의 행동은 고착화된 사회문제를 해결하는 데 유효한 처방이 되곤 했다. 예술 전공자로 구성된 트래쉬버스터즈의 행보도 이와 비슷하다. 그들은 주황색 점프슈트를 입고 스스로를 '쓰레기(Trash) 파괴자(Busters)'라고 부르며 축제, 구내식당, 결혼식장 등 많은 사람들이 모이는 공간에서 쏟아져 나오는 일회용 쓰레기를 단번에 해치우기 시작했다. 환경보존의 당위성을 설명하기보단, 재미있게 동참할 수 있는 스토리와 간결한 시스템을 구축한 것이다. 자신들의 유일한 라이벌은 일회용품 그 자체라며, 오늘도 다회용기 세척 물총을 장전한다. 트래쉬버스터즈의 이야기를 곽재원 대표에게 들어보자.

**곽재원
대표**

'트래쉬버스터즈'는 어떤 브랜드인지 소개 부탁드릴게
요.

트래쉬버스터즈는 다회용기 렌탈 서비스를 통해 일회
용품 문제를 해결하기 위해 만든 스타트업이에요. 다양한 축
제를 기획하는 감독 일을 하며 현장에서 발견한 일회용품 문
제를 사업으로 구상했고, 2020년 1월에 본격적으로 서비스
를 시작했습니다.

트래쉬버스터즈라는 이름을 보면 영화 <고스트버스
터즈>가 먼저 떠올라요. 유니크한 이름을 어떻게 짓게
됐나요?

처음 창업을 했던 구성원이 모두 예대 출신이면서 동
시에 커머셜한 성향이 있었어요. 그래서 환경이라는 분야를
생각했을 때 흔히 떠오르는 진부하고 착한 이미지보다는 세
련되고 유쾌한 모습을 연출하고 싶었어요. 직관적이고 재미

있는 이름을 찾다가 <고스트버스터즈>를 떠올렸고, '트래쉬버스터즈'로 한 번에 결정하게 됐어요. 저희 모두가 그 영화의 음악과 패션, 컨셉 등을 좋아했거든요. 사실 고스트버스터즈를 모르는 요즘 세대는 무엇을 오마주했는지 잘 모를 거예요.

'쟤네는 패션 브랜드 같은데 의미 있는 일을 하네?'라고 생각할 수 있도록 작업을 유쾌하게 풀어내려고 노력하고 있어요. '지구를 지켜야 한다'는 식의 무거운 이미지는 지양하고 있고요.

트래쉬버스터즈가 하는 일과 선순환이 어떻게 되는지 궁금해요.

트래쉬버스터즈는 일회용품 쓰레기 문제가 있는 곳이라면 어디든 출동해요. 축제, 행사, 영화관, 사내 카페, 탕비실, 캠퍼스 카페, 단체 도시락 등 사용처는 굉장히 많아요. 저희는 여기에 일회용품 대신 여러 번 사용할 수 있는 다회용 식기들을 대여해 주고, 사용한 다회용 식기를 수거한 후, 위생적으로 깨끗이 세척한 뒤 건조해서 다시 대여하는 서비스를 통해 소비자들이 재사용을 실천할 수 있는 시스템을 만들어 가고 있어요.

누구나 편리하게 또 기꺼이 일회용품 줄이기에 동참

할 수 있도록, 또한 공감과 호감을 가지며 유쾌하고 감각적인 '재사용 문화'를 형성하는데 앞장서고 있어요. 트래쉬버스터즈의 새로운 환경문화를 통해 우리 사회에 '함부로 버리지 않는' 라이프스타일이 자리 잡을 수 있도록 노력하고 있습니다.

훌륭한 재사용 시스템인 것 같아요. 하지만 트래쉬버스터즈의 다회용기도 플라스틱이라 언젠가는 수명이 다할 텐데, 수명이 다하면 버려지나요?

버려지지 않아요. 트래쉬버스터즈는 생산한 다회용기를 200회 가량 재사용한 후 사용할 수 없게 되면 분쇄 후 재가공 과정을 거쳐 다시 새로운 제품으로 재탄생시켜요.

제일 궁금한 부분이 세척 과정이에요. 다회용기를 생각하면 위생적인 부분을 걱정하게 돼요. 남이 사용하던 것을 다시 사용해도 괜찮을까 하고요. 세척에는 어떤 과정을 거치나요?

트래쉬버스터즈에는 6단계의 전문적인 세척시스템을 갖춘 공장이 가동되고 있어요. 초음파 세척 → 불림·애벌 세척 → 고온·고압수 세척 → 열풍 건조 → UV-C 살균 소독 → 정밀 검수를 거치고, 이후 진공 포장을 한 후 출고를 해요.

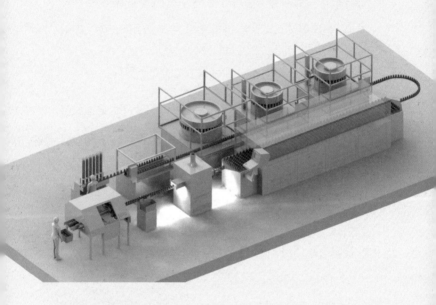

트래쉬버스터즈는

초음파 세척, 불림·애벌 세척, 고온·고압수 세척,

열풍 건조, UV-C 살균 소독, 정밀 검수의

6단계 전문적인 기계 세척을 거친 후

무균실에서 건조와 검수, 패킹을 진행한다.

모두 100도 이상의 기계 세척을 거친 후 건조와 검수, 패킹까지 무균실에서 진행해요. 소독 과정까지 거친 후에는 미생물 테스트를 진행하죠. 이런 과정을 거치기 때문에 저희 다회용기는 한 번도 사용하지 않은 일회용 컵보다 30배 이상 깨끗하다는 결과가 나왔어요. HACCP 인증에 사용되는 ATP 오염도 측정기로 오염도(바이러스)를 테스트한 결과, 트래쉬버스터즈 다회용기는 식품위생 안전기준인 200RLU보다 현저히 낮은 수치인 19RLU로 확인되었고, 이는 플라스틱 일회용컵의 오염도 수치(125RLU)보다도 훨씬 낮은 수치예요.

물론 사람이 개입되는 작업이다 보니 휴먼 에러가 나올 수도 있어요. 1만 개 중에 한두 개의 불량 서비스가 발생해도 고객의 입장에서는 신뢰가 떨어질 수 있죠. 그래서 그런 오차조차 줄이려고 노력하고 있어요.

정말 깨끗하고 안전하네요. 사업의 성공 가능성을 어떻게 파악했나요?

축제를 기획하는 일을 하며 동료 감독들을 통해 니즈를 파악했어요. '축제' 하면 각종 식음료 공급 때문에 일회용품이 발생할 수밖에 없는 환경이잖아요. 그렇기 때문에 다회용기 렌탈은 모두가 원하는 서비스였어요. 사전 쇼케이스에서 고객사를 모집했는데, 예약 건수가 300~400건에 이를 정도였어요. 하지만 저희가 사업을 시작할 무렵 코로나 팬데믹이 시작되면서 예약이 전부 취소됐어요.

시작부터 위기를 맞은 셈이네요.

네. 그렇죠. 하지만 마침 서울시에서 사회문제를 해결하는 스타트업을 선정하고 있었어요. 저희에겐 사업을 보증할 만한 레퍼런스도 없었지만 좋은 취지를 인정받아 수십 대 일의 경쟁률을 뚫고 지원사업에 선정됐어요. 그래서 어렵게나마 코로나 팬데믹 시기를 버틸 수 있었죠. 사업 첫해에는 실적도 없이 매달 20~30건씩 매체 인터뷰만 했어요. 그때 저희를 알게 된 많은 분들이 잘 버티라며 응원을 해주셨던 게 큰 위안이 됐어요.

많이 힘들었을 것 같아요. 위기를 어떻게 극복했나요?

저희는 코로나19가 오래 지속될 것 같다고 판단하고, 축제에 맞춰 기획했던 서비스를 피벗(Pivot, 비즈니스 모델 전환)을 통해 기업 쪽으로 방향을 돌렸어요. 많은 기업들이 사내 카페나 탕비실에서 일회용품을 사용하는 걸 눈여겨본 거죠. 마침 기업들도 ESG 경영을 도입하던 터라 시기가 맞았어요. 그렇게 서둘러 준비를 마친 뒤 2021년 초 광화문의 KT 본사에서 첫 서비스를 시작하게 됐어요.

단발성으로 끝나는 축제에 비해 기업은 구독형 서비스이다 보니 수익구조가 안정적이었어요. 한 번 다회용기를 사용한 기업은 다시 일회용품으로 돌아가지 않거든요. 그러한 안정화 과정을 통해 1년 만에 210개의 고객사를 유치하게 됐죠.

사회문제를 국가의 주도가 아닌 개인의 문제의식에서 풀어내기 시작했다는 점이 인상적이에요. 트래쉬버스터즈가 시장을 개척했다고 볼 수 있을까요?

적어도 비즈니스적인 측면에서는 저희가 시장을 개척했다고 볼 수 있어요. 이전까지는 다회용기라는 워딩 자체가 없었거든요. 트래쉬버스터즈 이후에 후발업체가 우후죽순 생기는 것을 보며 우리가 시장을 열었구나 하는 생각을 했죠.

물론 식판을 세척하는 업체는 이전에도 있었어요. 하지만 본격적으로 일회용품 문제를 해결하기 위해 다회용 컵을 세척하는 곳은 없었던 거죠. 해외의 경우를 봐도 영국에 하나, 뉴질랜드에 하나, 홍콩에 하나 정도 관련 회사가 존재했으니 이런 회사가 많은 편은 아니었어요. 그나마 축제만 커버하는 곳이 대부분이고요.

저희가 생각하는 진짜 경쟁상대는 특정 브랜드가 아니라 일회용품 그 자체예요. 다회용기 렌탈 업체와 경쟁하기

보다 일회용품 자체를 상대로 해야 패러다임을 바꿀 수 있거든요.

우리가 어필할 수 있는 부분은 크게 두 가지예요. 저렴한 일회용품의 가격만큼 렌탈 서비스의 원가를 낮추는 것과 환경적 가치를 부여하는 일이죠. 사실 아직까지 많은 사람들은 환경보다는 비용을 우선으로 생각해요. 환경의 나아짐은 당장 눈에 보이지 않거든요. 그래서 일회용품을 쓰는 것과 가격도 비슷하고 편리한 데다 의미도 있는 서비스를 제공한다면 당연히 저희를 찾겠죠.

트래쉬버스터즈의 서비스 프로세스가 궁금합니다.

먼저 고객사의 사내 카페에 다회용기 컵을 가져다 놓으면 고객들이 사용하고, 각자 사용한 용기는 각 층에 배치된 반납함에 넣어요. 그러면 저희 기사님이 용기를 수거해 공장에서 세척 후 다시 납품하는 시스템이죠.

이런 매일의 사이클을 반복하며, 400평의 세척 공장에서 60명의 인원이 13만 개의 다회용기를 서비스하고 있어요. 그런데 지금의 규모로는 물량을 소화하기 힘들어 확장을 계획하고 있어요.

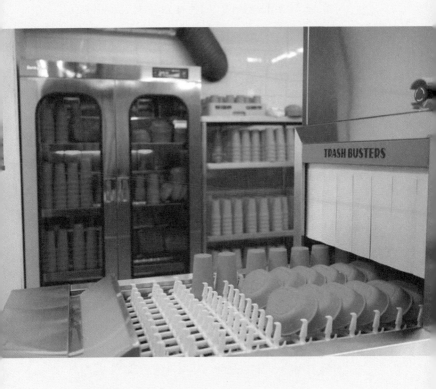

트래쉬버스터즈는
일회용품보다 위생적이고
안전하다는 것을 담보하기 위해
다양한 노력을 기울이고 있다.

사업을 안정화하는 데 시행착오는 없었나요?

사실 늘 시행착오였어요. 기존에 없던 서비스이다 보니 벤치마킹할 업체가 없었거든요. 첫해에는 코로나19로 사업을 진행하지 못해 어려웠고, 다음 해에는 폭발적으로 들어오는 주문량을 맞추기가 어려웠어요. 용기를 수거해 세척하는 일이 처음이다 보니 품질을 유지하며 원가를 맞추는 부분이 가장 힘들었어요. 계속해서 테스트하고 고객들의 컴플레인을 해결해 가면서 세척의 영점을 잡는 시간이었죠.

현재는 세척 기술이 어느 정도 수준까지 올랐다고 판단해요. 가격을 맞추기 위한 자동화 시스템도 90% 정도 완성한 상태예요. 원가 경쟁력이 떨어지면 사업의 지속이 힘드니 가장 시급하게 해결해야 할 부분이에요.

다회용기는 어떻게 만들어지고 활용하나요?

사출 과정은 보통의 플라스틱 컵과 같아요. 한 번 생산한 컵은 200번 정도를 재사용한 후에 분해와 재생산 과정을 거쳐요. 그러니까 한 번 컵을 만들고 나면 또다시 새로운 플라스틱을 생산할 필요가 없는 거죠.

사실 플라스틱은 편리성 면에서 일상에서 떼려야 뗄 수 없는 소재예요. 다만 한 번 사용하고 버려지는 플라스틱이 문제인 거죠. 트래쉬버스터즈의 서비스는 싱글 유즈 플라스틱(single-use plastic) 문제를 없애기 위한 일환이라고 보시면 될 것 같아요.

트래쉬버스터즈가 줄인 일회용품 개수를 SNS에 업로드하고 있어요. 현재까지 현황이 어떻게 되나요?

2024년 2월을 기준으로 3,310만 개 정도 돼요. 단순히 계산했을 때 3,300만 개 이상의 일회용품 사용을 줄인 셈이죠. 2024년 연말까지 우리나라 전 국민이 하나씩 일회용품을 줄인 정도가 되기를 바라고 있어요. 물론 지금까지만 해도 큰 성과라고 보고 있습니다.

일회용품을 다회용기로 대체함으로써 사회적으로 얻게 되는 효과가 궁금합니다.

일회용 플라스틱 컵 하나의 탄소배출량이 53g 정도 돼요. 저희는 다회용기를 평균적으로 200번 정도 사용하니까 컵 하나당 산술적으로 53×200인 10kg 이상의 탄소배출량을 줄인 셈이죠. 다회용기를 사용하면 사용할수록 탄소배출량은 감소하는 거예요. 더 정확한 평가를 위해 UNIST(울산과학기술원)와 협력해 플랫폼을 개발하고 있어요. 그게 나오면 눈에 보이는 지표로 저희의 성과를 가늠할 수 있을 거예요.

환경적인 영향은 분명 긍정적으로 보여요. 그럼 트래쉬버스터즈와 거래하는 기업의 입장에서 장점은 무엇일까요?

기업은 이 문제를 단순히 비용의 문제로만 접근하지는 않는 것 같아요. 각 기업의 분석에 따라 다르겠지만 ESG 경영의 측면에서는 분명한 명분을 가질 수 있어요. 무엇보다 기업에겐 대량으로 발생하는 쓰레기를 해결해야 하는 공통의 아젠다가 있으니까요. 누구도 먼저 나서고 싶지 않은 문제죠. 그런데 그걸 해결할 수 있는 서비스가 생겼으니 비용적인 부담이 조금 발생하더라도 이용하는 거예요.

하지만 소상공인이나 자영업자들의 경우는 10원 단위까지 함부로 쓸 수 없는 부분이 있어요. 그런 상황도 십분 이해가 돼요. 중소기업들 중 관심 있는 고객 분들이 찾아오기는 하지만 일부에 불과하죠. 우리가 사회적인 책임감까지 설득할 수는 없어요. 그렇기에 더욱 단가를 낮출 방법을 찾아야 하는 거죠. 일회용품 사용과 단가 차이를 줄이기 위해 자동화에 투자하는 것이 그런 맥락이에요.

개인적으로 국가 정책을 정할 수 있으면 어떤 법이 생겼으면 하나요?

보증금 제도를 만들고 싶어요. 구체적으로는 생산책임자 제도를 강화했으면 좋겠어요. 유럽 같은 경우는 공병이라든지 한 번 쓰고 버려지는 것들의 보증금이 비싸서 반납이 잘 이뤄지거든요. 환경과 관련해서는 전체적으로 법규가 강화됐으면 좋겠다고 생각하는데, 정권마다 정책이 계속 달라지다 보니 소상공인들이 피해를 입는 것 같아요. 그래서 차라리 민간에서 움직이는 게 빠를 수 있다고 생각해요. 민간에서 성공한 레퍼런스를 보고 정부도 움직이니까요.

요즘 다회용기 렌탈 서비스를 이용하는 축제들도 많이 늘어나고 있죠?

축제에 워낙 많은 사람들이 모이다 보니 축제나 페스티벌 주최 측에서 친환경적인 행사를 만들려고 노력하는 게 요즘의 경향이에요. 실상 축제를 주최하는 쪽은 다회용기를 사용하도록 규정을 만들어도 크게 손해는 없어요. 축제 규모가 작은 경우 주최 측에서 부담하기도 하지만, 기본적으로

Trash Busters
for Festival

는 축제를 주관하는 업체에서 쓰레기 처리비용을 부담하거든요. 그래서 기존의 쓰레기 처리비용과 비교해 크게 차이가 나지 않는다면 '일회용품 없는 축제'를 마다할 이유가 없죠.

트래쉬버스터즈의 서비스를 이용한 실제 사용자들의 반응은 어떤가요?

축제나 회사의 행사, 구내식당 등에서 다회용기 렌탈 서비스를 이용한 사람들은 대부분 저희 서비스가 환경적으로 긍정적이라는 평가를 내려요. '우리 회사에도 트래쉬버스터즈 들어왔어'와 같은 반응을 들으면 기분이 좋죠.

트래쉬버스터즈 브랜딩의 뼈대는 무엇인가요?

저를 비롯해 회사의 구성원들이 기본적으로 예술 쪽 일을 했으니 지금 하는 일 역시 예술활동처럼 풀어내려고 노력하고 있어요. 위트는 당연히 있어야 하고 철학적인 부분에서도 깊은 고민을 하려고 해요. 축제나 마켓에 참여하더라도 우리 브랜드를 디자인적으로 멋지게 녹일 수 있는 방법을 고민하죠. 우리만의 창의적인 시선과 행동이 핵심가치라고 생각해요.

그리고 우리만의 조직문화도 지켜야 된다고 생각해요. 초반에는 유쾌하게 우리를 드러낼 수 있는 방법을 고민했다면, 브랜드 리뉴얼을 하면서 트래쉬버스터즈의 기본 뼈대가 되는 컬처덱을 만들고 있어요. 우리 안의 규칙, 마음가짐, 운영의 방향성 같은 것들이요. 단순히 다회용기 세척서비스가 아닌 예술과 기술, 철학을 기반으로 사회에 기여하는 브랜드가 되려고 노력하고 있어요.

브랜드의 아이덴티티를 담은 제품을 판매할 계획은 없나요?

실제로 의뢰가 많지만 판매만을 위한 새 제품을 생산할 생각은 없어요. 수거해서 재사용할 수 있는 게 아니라면 저희가 책임질 수 없잖아요. 저희의 모토가 '예쁜 쓰레기를 만들지 말자'예요. 회사 내부적으로도 웬만하면 새로 사지 말고 재사용하자는 생각으로 일회용품 사용을 지양하고 있어요.

트래쉬버스터즈의 일원이 되려면 업무적인 부분만이 아니라 삶의 태도 역시 교감할 수 있어야겠어요.

그렇죠. 저희와 함께 일하는 분들은 기본적으로 환경에 대한 문제의식을 가지고 있어요. 그래서 환경에 관한 룰이나 규칙을 만드는 건 어렵지 않아요. 저부터도 어딜 가나 텀블러를 들고 다니고, 웬만하면 새로운 제품을 잘 사지 않아요. 예쁜 쓰레기를 만드는 게 싫거든요.

앞으로의 사업 방향성에 대해 이야기해 주세요.

일단 공장이 안정화되면 전국적인 서비스로 확장을 계획하고 있어요. 세척과 관련한 신사업도 준비하고 있고요. 축제 현장 같은 경우는 플라스틱 컵뿐만 아니라 지속가능한 렌탈 서비스, 가령 부스마다 태양광 전기나 재생소재로 만든 현수막 등 재사용 비즈니스 분야를 눈여겨보고 있어요.

끝으로 트래쉬버스터즈라는 브랜드가 사람들에게 어떤 영향을 주기를 바라나요?

우리는 시스템을 체인지한다고 생각해요. 단순히 돈을 벌기 위해, 고객 한 명을 더 유치하기 위해 애쓰는 것이 아니라 환경을 위한 새로운 문화를 만들고 있어요. 그런 점을 바라봐 주시고 응원과 지지를 해주셨으면 좋겠어요. 정말 큰 힘이 되거든요.

제로웨이스트
Zero Waste

'제로웨이스트(Zero Waste)'는 쓰레기를 0(Zero)에 가깝게 만들어 보자는 말이야. 환경에 관심이 있는 사람이라면 낯설지 않은 단어지. 하지만 촌각을 다투며 새로운 물건이 만들어지고 일회용품이 개인의 일상은 물론 사회 전반에 걸쳐 범람하고 있는 이 시대에, 제로웨이스트는 뜬구름 잡는 소리처럼 느껴질 수 있어. 그런데 우리 주변을 잘 살펴보면 적지 않은 사람들이 꽤 열심히 제로웨이스트를 실천하면서 살고 있어. 특히 제로웨이스트와 비건을 함께 실천하고 있는 일명 '제비'들은 제로웨이스트를 하나의 라이프스타일로 추구하더라고. 제로웨이스트는 불가능한 작전이 아니야! 그럼 우리 같이 제로웨이스트에 대해 좀 더 깊게 알아볼까?

01

제로웨이스트국제연맹(ZWIA, Zero Waste International Alliance)에서 채택한 '제로웨이스트(Zero Waste)'의 정의는 '모든 제품·포장 및 자재를 태우지 않고, 환경이나 인간의 건강을 위협할 수 있는 토지·해양·공기로 배출하지 않으며, 책임 있는 생산·소비·재사용 및 회수를 통해 모든 자원을 보존하는 것'을 말한다. 제로웨이스트의 기원은 명확하지 않지만, 1980년대 캘리포니아주 버클리에서 자원순환 시설을 설립한 다니엘 랩의 '토탈 리사이클링(Total Recycling)' 개념에서 시작되었다는 추정이 있다. 이후 'Zero Waste Home'이라는 이름의 블로그에 가족과 함께 제로웨이스트를 실천하는 여정을 공유한 베아 존슨의 이야기가 2010년 뉴욕타임즈에 실리면서, 환경운동으로서 제로웨이스트가 본격적으로 시작되었다. 그녀의 실천이 많은 사람에게 동기부여가 되면서 제로웨이스트는 환경운동의 영역이 되었다.

02

쓰레기는 인간이 집단으로 살기 시작한 고대부터 크고 작은 문제들을 만들며 공공의 문제로 자리해 왔다. 오랜 시간 양적인 문제로 머리를 아프게 했던 쓰레기 문제는 산업혁명 이후부터 질적으로도 심각한 문제를 유발하며 인류의 난제가 되기 시작했다. 인간이 만들어 낸 것들은 쓰임을 다하거나 혹은 제대로 쓰이지 않은 채 쓰레기로 배출되어 대부분 토지나 해양에 매립되거나 소각되었다. 인간의 편의주의로 말미암아 지금 이 순간에도 감당할 수 없는 수준으로 무수히 많은 제품이 쉴 새 없이 생산되어 세상에 나오고 있다. 하지만 대부분의 물건이 지금 당장 쉽게 버려지지 않는다고 하더라도, 이들이 향하게 될 최종 목적지는 결국 매립지나 소각장이 될 가능성이 농후하다.

03 쓰레기 중 많은 비중을 차지하는 플라스틱의 경우를 살펴보자. OECD 통계에 따르면 2019년 한 해에만 3억 5,300만 톤에 달하는 플라스틱 폐기물이 발생되었다. 플라스틱 폐기물 중 재활용되는 비율은 9%에 불과할 뿐, 대다수는 매립지로 들어가거나 소각된다. 플라스틱 폐기물을 줄이기 위한 대표적인 해결책으로 재활용이 있다. 하지만 플라스틱을 재활용할 경우 규제되지 않은 독성 화학물질에 대한 위험이 발생한다. UN 보고서에 따르면 플라스틱은 무려 13,000여 가지의 화학물질로 만들어지며, 그중 3,200여 가지가 인간의 건강과 환경에 영향을 미칠 수 있는 유해한 특성을 가지고 있다. 그 외에도 성분을 알 수 없는 제품이 가열되고 혼합되는 경우가 많아서 대다수의 재활용 플라스틱은 화학물질로 인한 위험으로부터 자유로울 수 없다. 그리고 무엇보다 급증하는 플라스틱 생산량을 생각했을 때 이는 근본적인 해결책이 될 수 없다.

04 수도권매립지관리공사에 따르면, 2020년도에 44개 지자체가 매립 총량을 초과해 5일의 반입 정지와 122억 2,900만 원의 가산금을 납부했다. 2021년에는 34개 지자체가 총량을 넘겨 162억 2,600만 원의 가산금을 내고 5~10일 동안 반입 정지되었다. 각 지자체마다 매년 쓰레기 처리로 지출되는 예산을 늘려야 하는 급박한 상황이므로 매립량이 기준치를 초과하지 않도록 시급히 대책을 마련해야 한다. 계속 늘어나는 쓰레기 배출량은 근본적인 원인에 대한 깊이 있는 이해와 함께 적극적인 정책과 제도가 뒷받침되지 않는다면 해결될 수 없다. 개인의 노력과 활동, 기업의 책임, 그리고 정부의 진정성 있는 관심과 정책 변화가 필요한 때이다.

우리나라의 경우 전국에 140여 개의 제로웨이스트숍이 있는 것으로 추정된다. 전국제로웨이스트숍연합모임 '도모도모'에 따르면 2023년 한 해 동안 제로웨이스트숍 53곳의 리필 판매량과 재활용품 수거량을 집계한 결과 약 60톤의 온실가스 저감 효과를 확인했다. 리필로 줄인 플라스틱 병은 21만 6,268개(100㎖ 플라스틱 공병 기준)로, 이는 10리터 종량제 봉투에 100㎖ 페트병이 약 30개 들어가는 것으로 계산할 때 10리터 종량제 봉투 7,209개만큼 쓰레기를 줄인 것과 같다. 수많은 쓰레기가 쌓이는 현실 속에서 개인의 노력과 실천이 과연 무슨 효과가 있을지 의구심이 들 때, 떠올려볼 만한 유의미한 결과라 할 수 있다.

ZERO WASTE KITCH

— Save Food From The

_ Jih

국내 최초의 제로웨이스트숍

더피커
the picker

seedkeeper

*for someone
who loves
growing things* 1

*slow,
slow,
slow pleasure.*

seedkeeper

*for someone
who loves
growing things* 1

*for someone
who loves
growing things* 1

seedkeep

*slow,
slow,
slow pleasure*

'제로웨이스트'라는 개념이 국내에 알려지지 않았던 때, 서울 성수 동에 제로웨이스트숍 '더피커(thePicker)'가 문을 열었다. 더피커는 '건강한 자원의 순환과 지속가능한 소비문화 회복'을 슬로건으로 내세우며 2016년부터 시작한 국내 최초의 제로웨이스트 라이프스타 일 플랫폼 브랜드다. 더피커는 쓰레기를 발생시키지 않는 제로웨이 스트숍의 기본적인 역할과 기능을 넘어, '소비문화 회복'이라는 주 제로 한 발자국 더 나아간다. 더피커에서는 포장 폐기물 감소를 중 심으로 다양한 쓰레기 발생을 줄일 수 있도록 기준을 만들어 가고 있다.

소비할 때 취향과 가격만 고려할 게 아니라 '누가 만들었을 까' '어디서 어떤 방식으로 만들었을까'를 고민하게 만들고, 물건의 생애주기를 살필 수 있게끔 '냉장고 없는 부엌'을 운영하고 있으며, 제로웨이스트 영역 자체를 좀 더 넓혀갈 수 있는 내용으로 도슨트 프로그램도 운영하고 있다. 또한 수리해서 다시 쓰는 문화를 널리 확산시키기 위해 다양한 생활기술을 습득할 수 있는 플랫폼도 준비 중이다.

'소비문화 회복' 대중에게 던지는 질문이자 답안인 듯한 슬 로건을 다양한 각도로 실험하고 행동하고 있는 더피커에 대한 궁금 증이 커졌다. '회복'이란 좋은 상태로 되돌리고 되찾는다는 의미인 데, 과연 우리는 무엇을 되돌리고 되찾아야 지금보다 나은 세상을 만들어 갈 수 있을까? 더피커 송경호 대표의 조리있는 이야기를 찬 찬히 들어보자.

Interviewed with

송경호
대표

'더피커'는 어떤 브랜드인지 소개 부탁드릴게요.

더피커는 2016년에 시작한 국내 최초의 제로웨이스트숍입니다. 지금은 제로웨이스트(Zero Waste)라는 개념이 널리 알려지긴 했지만 아직 생소한 분들도 있을 거예요. 예를 들면 생활 속에서 포장이나 플라스틱 같은 유해한 폐기물들을 줄이는 일련의 활동을 제로웨이스트라고 할 수 있어요. 생산자가 하면 생산과정에서, 소비자가 하면 소비하고 생활하는 과정에서 적용하는 하나의 환경문화 운동이라고 할 수 있죠.

제로웨이스트숍은 포장 없는 제품들을 발굴하거나 생산해서 판매하기도 하고, 제로웨이스트를 실천하는데 적용할 수 있는 다양한 제품들이 있다는 사실을 알려 주기도 해요. 더피커는 이처럼 제로웨이스트를 위시한 '소비문화 회복'을 통해 폐기물 문제를 비롯한 사회문제를 해결하기 위해 활동하는 곳입니다.

소비라고 하면 돈을 주고 물건을 사는 행위 정도로만
생각하는 사람들이 많아요. 하지만 소비의 영역은 상당히 넓
어요. 행위로서의 소비도 있고, 감정적인 영역에서의 소비도
있죠. 또한 소비를 위해서는 생산이 필요하고, 또 물건을 집
까지 운반하는 유통과정도 거쳐야 해요. 그리고 물건을 다
사용한 다음에는 폐기라는 행위도 따르게 되죠. 이 모든 것
들을 묶어 '소비'라고 할 수 있어요.

하지만 이처럼 소비의 의미가 넓은데도 불구하고, 사
람들은 소비행위를 할 때 돈과 물건의 교환 영역만 생각하곤
해요. 가령 '얼마나 더 쌀까' '뭐가 내 취향인가' '어떤 서비스
가 더 좋을까'만 생각하죠. 하지만 소비의 영역을 넓혀 보면
다른 생각을 해볼 수도 있습니다. '누가 만들었을까' '어떤 방
식으로 만들었고 어디서 만들었을까' '유통하는 과정은 어땠
을까'와 같은 생각도 해볼 수 있는 거죠.

그렇죠. 이렇게 소비의 영역을 섬세히 넓혀가다 보면
소비라는 행위가 나에게 정말 필요한 것인지 고민해 보게 돼

요. 또 누군가가 나에게 소비를 강요하는 건 아닌지 바깥의 시선에서 바라볼 수 있어요. 예를 들어 좋은 친환경 소재로 만들었지만 일회용품인 경우, 내가 정말 친환경 소비를 했는지 돌아볼 수 있겠죠. 이처럼 우리는 제품을 조금 더 오래 쓸 수 있는 방법을 연구해 보고, 폐기할 때 발생하는 비용과 환경문제를 고민하는 등 모든 영역을 소비로 편입시켜 분석해 봐야 한다고 생각해요. 즉, 파편화된 점들을 하나의 선으로 엮어 내는 일이 소비문화 회복이라고 할 수 있어요.

제로웨이스트를 업으로 삼겠다고 다짐한 계기는 무엇인가요?

저는 환경에 열성적인 사람은 아니었어요. 처음부터 제로웨이스트숍을 운영하려고 했던 것도 아니고요. 대신 개인적으로 포장과 관련된 이슈에 관심이 많았습니다. 저는 쓰레기를 버리러 나가는 행위만큼 노동집약적인 행동이 없다고 생각하거든요. 물건을 사서 포장을 벗기고 세척하고 라벨을 떼어 내고 버리러 가서는 또 분리해서 버리는 행위, 이것만으로도 노동집약적인데, 쓰레기를 수거한 뒤에 또 사람들이 붙어서 이루어지는 일들이 많다고 하니 너무나도 비효율적이라고 생각했어요.

이처럼 포장이라는 주제를 한 번 건드려 보기 시작

하니 그 이면에는 더 심각한 쓰레기 문제가 있다는 걸 알게 되었어요. 그때 제로웨이스트숍 사례를 처음 보게 되었고요. 2007년 영국 이즐링턴에서 세계 최초의 제로웨이스트숍 UNPACKGED가 생겼고, 2014년 독일 베를린에 생긴 Original Unverpackt이 언론에 대대적으로 보도되면서 유럽권에서 제로웨이스트숍이 확산되고 자리 잡았어요. 그런 사례들을 보면서 제로웨이스트숍의 정착 여부를 떠나 사람들이 쓰레기 문제를 제대로 인식부터 했으면 좋겠다는 바람을 가지고 우리도 제로웨이스트숍을 시작해 보자고 마음먹게 되었어요.

물건의 생애주기를 고려한 더피커만의 기획을 소개해 주신다면요?

우리가 생각하는 물건의 생애주기는 '생산-유통-판매-사용-폐기'라는 단계예요. 여기서 우리는 각 단계마다 인덱스를 만들었어요. 이 인덱스가 제품을 선정하는 데에도 쓰이고, 활동의 방향성을 설정할 때나 무언가를 기획할 때도 항상 사용되고 있습니다.

가령 더피커에서 소개하고 있는 먹거리 가드닝의 경우 대부분의 먹거리 제품은 생산 단계에 해당하잖아요. 그런데 여기서 우리는 직접 생산하고 요리하는 행위뿐만 아니라

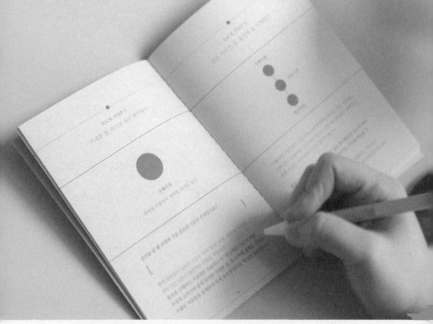

식재료를 어떻게 보관했을 때 쓰레기가 줄어들 수 있는지까지 제안해요. 바로 더피커의 한쪽 벽면을 장식하고 있는 '냉장고 없는 부엌' 코너예요. 이곳은 식재료 오브제를 통해 재료를 다루는 방법을 자세히 안내해 주는 공간이죠. '냉장고 없는 부엌'은 우리가 습관처럼 사서 냉장고에 쌓아두는 것이 아니라 신선한 식재료를 낭비하지 않고 먹을 만큼 소비하는 방법을 알려 주는 공간이라고 할 수 있어요.

그리고 더피커만의 특별한 가계부 '소비회복 피커북'도 있습니다. 일반적인 가계부와 달리 물건을 구매할 때 감정이 어땠는지, 포장은 무엇으로 되어 있는지, 내가 진짜 필요해서 샀는지 등을 적을 수 있어요. 이렇게 '생산-유통-판매-사용-폐기'라고 하는 물건의 생애주기 기준을 계속 생각하며 소비해 보는 거죠.

어떤 물건들이 생애주기 기준을 고려해서 들어오나요?

물건의 생애주기는 우리가 물품을 선택하는 데 있어 매우 중요한 기준입니다. 하지만 '생산-유통-판매-사용-폐기'라는 5가지 카테고리의 인덱스를 모두 충족해야만 취급하는 건 아니에요. 꼭 모든 인덱스를 충족하지 않아도, 순환성이 연결될 수 있다면 선택하고 있어요. 예를 들어 포장이 있긴 하지만 생산자가 수거해서 재사용을 한다면 취급할 수 있겠죠. 즉, 생애주기 기준 인덱스를 적용하는 게 첫 번째 원칙이지만, 적용했을 때 이 물건이 순환되느냐 안 되느냐도 중요한 부분이에요. 아무래도 법적으로 포장이 있어야만 유통할 수 있는 것들이 대부분이거든요. 그렇다 보니 포장 여부보다는 '포장된 물건을 어떻게 순환시킬 수 있을까'에 대해서도 고민하고 있어요.

아무튼 제품의 생산부터 폐기에 이르기까지 모든 과정에서 환경오염에 대한 이슈가 최소화되어 있고, 또한 '순환으로 상쇄시킬 수 있느냐 없느냐'를 가장 중요하게 생각하면서 운영하고 있어요.

더피커에는 미술관처럼 도슨트 프로그램이 있다고 들었어요. 이 프로그램은 어떻게 운영되고 있나요.

도슨트 프로그램은 2018년 말부터 시작했어요. 아무래도 물건의 생애주기를 설명하려다 보니 물건마다 선택되는 기준들이 달라요. 각각의 물건마다 어떤 특징을 가지고 있고 어떤 삶이 담겨 있는지를 전해 주고 싶었어요. 그런데 고객이 방문할 때마다 매번 이야기해 드리는 건 한계가 있어서 하나의 기획 프로그램으로 구상했죠.

처음에는 각각의 물건을 기준으로 하나씩 설명하면서 물건의 생애주기가 어떤지 자연스럽게 보여 드리려고 했어

더피커는
소비문화 회복을 위해
사물의 생애를 큐레이션하고 있다.

요. 하지만 지금은 물건 자체에 대한 기준들보다 제로웨이스트 영역 자체를 좀 더 넓혀갈 수 있는 내용으로 확장되었어요. 물건에 대한 설명은 기본이고, 공간을 구성하는 모든 것이 제로웨이스트 영역에 포함될 수 있음을 알려 드리면서 진행하고 있는 거죠.

2016년 더피커가 처음 문을 열고 시간이 꽤 지났습니다. 제로웨이스트에 대한 사람들의 인식이 어떻게 달라진 것 같나요?

굉장히 많이 변했죠. 2016년과 지금을 비교해 보면 완전히 다른 세상이다 싶을 정도로 인식이 달라졌어요. 처음에는 제로웨이스트라는 단어가 한글로 검색조차 안 되었어요. 하지만 지금은 많은 사람이 제로웨이스트가 어떤 개념인지 어느 정도는 알고 있잖아요.

2018년 쓰레기 대란과 엄청난 미세먼지, 코로나 팬데믹과 지금의 이상기후까지, 여러 위기 상황을 겪으면서 환경에 대한 민감도가 거의 수직상승한 것 같아요. 마찬가지로 제로웨이스트 역시 많이 확산되었다고 느끼고 있어요.

더피커 운영을 시작하고 지금까지 가장 힘들었을 때는 언제인가요?

가장 힘든 일을 꼽기보다는 창업의 첫발을 내딛은 이래로 지금에 이르기까지 맘 놓고 편했거나 승승장구했던 시기는 없었던 것 같아요. 여러모로 많은 준비와 시장 테스트를 거치고 시작했지만, 창업 당시 더피커가 제안하는 메시지나 제품, 서비스, 활동들은 사회적으로나 비즈니스적으로나 니즈가 전혀 없는 지점에서 시작했기 때문이죠. 그리고 이후 전진하거나 확장되는 과정에서 만났던 어려움도 저희를 항상 고민하게 만들었던 것 같습니다.

특히 더피커가 정의하는 제로웨이스트 기준을 지속적으로 심화시켜 가는 과정에서 해당 기준과 시장에 존재하는 제품 간의 차이를 메우는 소통을 할 때가 많이 힘들었던 것 같아요. 친환경의 기준이나 방향이 다르기 때문이기도 한데요. 이러한 부분으로 인해 긴 호흡으로 설득하거나 거절해야 하는 상황들, 혹은 협업을 위한 사전 정보 공유의 시간이 매번 반복되는 일 등은 꼭 필요한 과정이지만 항상 힘들었던 것 같아요.

제품을 사면서 '포장재 등의 쓰레기를 더불어 사지 않을 권리'를 확보하는 것이 무엇보다 중요하잖아요. 사회적으로 어떤 변화 혹은 개혁이 가장 시급하게 필요하다고 생각하나요?

지금의 구조상 기업들이 포장을 배제한다는 것은 거의 불가능하다고 생각해요. 그래서 기업들에게 '제발 포장을 줄여라, 없애라, 뭘 어떻게 해라' 하는 것이 1순위가 아니라는 생각이 들었어요. 지금 우리에게 가장 시급한 점은 '다양성'이라고 생각해요.

우리 시장경제 구조 자체가 거대 기업들이 견인해 가는 상황인데, 덩치가 큰 어떤 대상을 바꾸는 일은 사실 너무 힘들거든요. 당사자들이 문제를 인지하더라도 마찬가지예요. 새로운 시스템을 도입하자고 합의를 해도 대기업의 경우 인프라를 바꾸는 데만도 엄청난 자본과 노력이 필요해요. 그래서 쉽지가 않죠.

제 경험상 드라마틱한 변화를 일으키는 사람들은 구조가 간결하고 작은 업체들이에요. 그들은 무언가를 바꾸어야 한다고 인지하기 시작하면 빠르게 움직이거든요. 다양성이 필요하다는 말은 이 시장을 채우고 있는 단위가 작고 조밀해져야 한다는 이야기예요. 작고 건강하고 강인한 주체들, 그런 플레이어들을 만들어 나가는 것이 시급하다고 생각해요.

제로웨이스트숍을 운영하는 대표는 일상에서 어떻게 친환경적으로 사는지 궁금해요.

제로웨이스트숍을 운영하는 사람이라고 해서 다른 세상에 사는 건 아니에요. 하지만 아무래도 친환경적인 삶을 사는 데 수월한 면이 있죠. 개인적으로는 생활기술을 배우는 일에 관심을 가졌어요.

환경에 크게 관심이 없는 사람들과 이야기하다 보면, 내 삶에 필요한 대부분의 것들을 돈을 주고 해결하는 방식이 합리적이라고 생각하더라고요. 저는 그게 오히려 불편하게 느껴져요. 모든 사람들이 자기 삶의 필요를 외부에서 조달하면서 사는 건 위험하다고 생각해요.

직접 신발을 세탁한다거나, 옷에 찢어진 부분이 있다면 손수 수선한다거나, 집에 있는 재료로 요리를 한다거나, 물건을 오래 사용하는 일과 같이 일상생활에서 조금만 신경을 더 쓰면 어렵지 않게 할 수 있는 행동으로 쓰레기를 상당히 많이 줄일 수 있거든요. 그런 점에서 삶을 주체적으로 살아가기 위해, 또 환경을 위해 생활기술을 습득하려고 노력 중이에요.

어떤 생활기술을 직접 배우고 있어요?

목공을 배웠어요. 그 덕분에 직접 만든 숟가락을 사용하고 있죠. 그리고 전기 전공을 하신 아버지로부터 배운 기술로 간단한 전기 작업이나 배관 작업을 직접 하고 있어요.

다양한 공구도 배워서 직접 작업할 수 있는 것들을 늘려가려고 해요. 내 손으로 직접 무언가를 만드는 것 역시 제로웨이스트임을 널리 알리고 싶어요. 더피커에서 '만들기 워크숍'을 이어가는 이유도 마찬가지예요.

여전히 편하게 플라스틱을 쓰고 버리는 사람들이 많아요.
친환경적인 삶을 실천하고 애쓰는 사람들은 기본적으로 자기 삶에 대해 제법 잘 알고 있어요. 내가 어떤 사람인지, 무엇을 소비하고 왜 소비하는지, 또 어떻게 살고 싶은지가 명확할 거예요. 반면 그렇지 않은 사람들은 정말로 내게 필요한 소비가 무엇인지 잘 모르는 경우가 많아요. 그래서 사람들에게 거창한 환경적 실천을 요구하기보다는, 일기나 가계부를 써 보라고 권하고 있어요. 글로 적어 보면 자기객관화가 잘되거든요. 불필요함을 인식하는 순간, 그동안의 불필요한 소비를 밀어내는 일은 쉬울 거예요.

더피커에서도 이런 취지로 평소 자신의 소비습관을 문진하고 처방전을 만들어 보는 '소비회복 피커북'을 제작했었어요. 거대 담론보다는 오히려 자기 자신과 자신을 둘러싼 부분을 이야기하고 성찰할 수 있는 시간이 필요하다고 생각하거든요.

8 809586 970415

자몽오일 바디솝
톤28
자몽오일의 비타민 C가
피부를 맑고 화사하게 가꿔주고,
캐모마일, 티트리 추출물은
트러블 진정을 도와줍니다.
11,000

바오밥 나무오일 [약산성]
부드러운 미세거품 샴푸바

노 워시 토리트먼트 [손상]
바르는 애니 린스바
6,000 [59g]

어떤 이들은 제로웨이스트가 너무 부담스럽고 현실적으로 불가능하다며 '레스웨이스트(Less Waste)'를 지향하자는 이야기를 하기도 해요. 이런 의견에 대해 어떻게 생각하세요?

제로웨이스트를 추구한다고 해서 쓰레기를 안 만들 수는 없어요. 어떤 쓰레기를 남길 것인가를 고민하는 게 중요해요. 쓰레기는 계속 존재해 왔잖아요. 쓰레기 문제가 산업화 이후의 일이라고 생각하는 사람들이 많은데, 산업화 이전에도 쓰레기는 정말 심각한 문제였다고 해요. 단, 옛날에는 양의 문제였다면 지금은 양과 질의 문제인 거죠.

요즘 쓰레기는 다시 활용할 수도 없고 분해도 되지 않아 무조건 태우거나 땅에 묻을 수밖에 없는 질적인 문제를 가지고 있어요. 질적인 문제를 가진 쓰레기가 양적으로 많아지면서 문제가 더 가속화되는 상황인데, 레스웨이스트를 지향한다면 질적으로는 훌륭한, 즉 순환가능성이 아주 높은 쓰레기들이 남아야 함을 염두에 둬야 해요. 만약 조금 남긴 쓰레기가 제대로 순환이 되지 않는다면 레스웨이스트의 의미가 퇴색될 수밖에 없겠죠.

결국 제로웨이스트와 레스웨이스트가 다르지 않다고 봐요. 표현은 다르지만 '순환시키겠다'라는 의미와 의지가 담겨 있다고 생각해요.

새롭게 제로웨이스트 상점을 여는 사람들에게 '더피커'는 하나의 롤모델이 아닐까 생각해요. 그런 사람들에게 전하고 싶은 말이 있다면요?

일단 제로웨이스트숍은 사업적인 지속성이 정말 쉽지 않은 분야예요. 그래서 저희는 관련된 다른 사업들을 함께해 오면서 지속가능성을 확보하고 있어요.

제로웨이스트숍을 시작하기 전에 어떤 제로웨이스트숍을 하고 싶은지 깊이 생각해 보길 제안해요. 그게 가장 중요한 일이에요. 이 업종의 폐업률이 높은 이유는 제로웨이스트라는 영역을 인지하고 동의하고 소비하고 활동하고자 하는 소비자들이 아주 느린 속도로 늘어나기 때문이에요. 정말 천천히 늘어요. 줄지 않은 게 다행이죠. 그에 비해 제로웨이스트숍은 빠르게 늘어나고 있거든요.

로컬을 기반으로 제로웨이스트숍이란 간판을 걸고 식재료 등 계속 소비되는 것들의 포장을 줄여 나가는 방식과 이미 영업 중인 가게들에서 친환경적으로 운영해 가는 방식 모두 중요해요. 그리고 직접 생산하지는 않지만 자본이 교환될 수 있는 다양한 분야들이 있어요. 오래전부터 사양산업이라고 불렸던 A/S 분야, 수리·수선, 중고거래 등인데, 그 영역의 기술을 익혀서 알리는 방법도 새로운 제로웨이스트숍 창업이라고 생각해요.

앞으로는 조금 더 바깥쪽으로 메시지를 던지는 활동을 이어가려 해요. 우선 강연, 자문 및 컨설팅, 출판 영역 등을 체계화하며 진행 중에 있습니다. 생산자의 정체성을 가지고 있는 크고 작은 기업들로부터 교육 및 컨설팅에 대한 요청에 수동적으로 대응한 부분들이 있었는데, 저희가 가지고 있는 더피커의 기준 및 사례를 활용해 분석·전략툴 등을 개발해 좀 더 적극적으로 활용해 보려고 해요.

더불어 형태적인 측면에서도 전환을 시도하고 있습니다. '제품'과 '오프라인 공간'에 깊은 뿌리를 두고 있는 더피커의 형태에 대해서는 2018년부터 무척 더디지만 조금씩 준비해 온 전환의 방향성이 있는데요. 제품과 제품을 담은 공간에 집중된 제로웨이스트의 활동을 벗어나 '생활기술'을 중심으로 한 라이프스타일로서의 제로웨이스트의 제안입니다. 현재 내부적으로나 외부적으로 진행되고 있는 생활기술 클래스와 관련 연구가 진행 중이기도 하고, 해당 내용을 담은 별도의 플랫폼 등 다양한 시도를 해보고 있습니다.

이렇듯 저희가 제로웨이스트에 대해 고민하고 정의 내린 것들이 실제 시스템에 적용될 수 있도록 '확장성'을 작동시키는 노력들이 앞으로의 계획입니다.

업사이클링

Upcycling

사용 후 버려진 제품을 다시 사용하는 방식을 흔히 '재활용', 영어로는 '리사이클링(Recycling)'이라고 하잖아. 물론 재활용도 환경에 유익하지만, 재활용에서 한 발자국 더 나아가 세련된 멋까지 챙기는 획기적인 방법이 있어. 바로 버려지는 제품에 디자인을 새롭게 하거나 활용도를 더해 새로운 제품으로 만드는 '업사이클링(Upcycling)'이야. 이걸 '새활용'이라는 표현을 쓰기도 하지. 버려진 현수막을 활용해 장바구니를 만들거나, 폐가죽으로 지갑을 만들고, 와인 병을 잘라 양초를 만드는 등 업사이클링의 사례는 무궁무진해. 그럼 쓰레기의 180도 반전 변신, 업사이클링에 대해 한번 살펴볼까?

01 재활용으로 불리는 리사이클링은 쓰레기와 폐기물에서 재활용이 가능한 소재를 분리해 원재료로 다시 사용하는 방식이다. 폐지로 재생휴지를 만든다거나 이미 쓴 유리병으로 새 제품의 유리용기를 만드는 방식 등이 대표적이다. 하지만 재활용된 제품은 품질이 떨어지거나 재생과정에서 비용이 많이 발생할 수 있어 상품 가치가 떨어지는 경우가 발생한다. 반면 최근 떠오르는 업사이클링은 쓰레기를 다시 새롭게 디자인하거나 활용도를 더해 원래보다 더 가치 있게 만드는 방법이다. 본래의 용도에서 크게 벗어나지 못하는 리사이클링과 달리, 업사이클링은 원래 용도와는 전혀 다른 새로운 부가가치를 제품에 더한다.

02 업사이클링은 온실가스 배출량을 획기적으로 줄인다. 일반적으로 쓰레기를 처리할 때에는 소각방식을 택하는데, 쓰레기 1톤이 연소될 때 약 1.1톤의 이산화탄소가 대기로 날아간다고 한다. 쓰레기를 눈앞에서 태워 없애도, 결국은 보이지 않는 환경문제로 되돌아오는 셈이다. 하지만 업사이클링은 쓰레기를 원료의 형태로 되돌리는 과정이 없다. 따라서 쓰레기를 매립하거나 소각하는 과정에서 발생하는 온실가스를 크게 줄일 수 있다.

03 업사이클링이라는 용어는 1994년 독일의 디자이너 리너 필츠 (Reiner Pilz)가 처음 사용하면서 개념 정의를 했다. 이러한 업사이클링은 1990년대부터 재생을 중시하던 단체들을 중심으로 재활용에 대한 인식이 형성되면서 성장했다. 우리나라에서 본격적으로 업사이클링 산업이 시작된 시점은 2000년대부터인데, 2005년 YMCA 등대생협 회원들을 주축으로 물건을 다시 쓰는 되살림운동이 본격적으로 일어났다. 그다음 해 아름다운 가게에서 국내 최초 업사이클링 브랜드 '에코파티메아리'를 만들었다. 2008년에는 재활용 전문기업 '터치포굿', 2009년에는 '리블랭크' 등 다양한 사회적 기업이 생기면서, 우리나라에서도 업사이클링은 낯설지 않은 개념이 되었다.

04 업사이클링 시장의 규모는 날이 갈수록 커지고 있다. 2023년 소비자보호원이 발간한 <소비자정책동향>에 따르면 국내 업사이클링 시장의 규모는 약 40억 원으로, 2014년 대비 2배가량 성장했다. 관련 기업 수 역시 20배가량 증가해, 2013년 39개 업체에서 2021년 745개 업체까지 늘어났다. 글로벌 업사이클링 시장의 규모는 약 2,020억 원으로, 업사이클링 시장의 성장은 계속될 것으로 전망된다.

05 업사이클링의 사례는 무궁무진하다. 폐플라스틱 공병을 재킷으로 탈바꿈시킨 '파타고니아(Patagonia)', 견고한 트럭 덮개 방수천의 특성을 이용해 멋진 디자인의 가방을 생산하는 '프라이탁(FREITAG)', 커피 찌꺼기를 활용해 검정 잉크를 만드는 '카페잉크(Caffe Inc)', 망고 폐기물에서 섬유질을 추출해 가방·신발 등의 잡화를 생산하는 '프루티레더(Fruitleather)', 건설폐기물을 활용해 고품질 벽돌을 생산하는 '스톤사이클링(Stonecycling)', 한 번 쓰고 버려진 나무젓가락을 가공해 가구나 생활용품으로 만드는 '찹밸류(ChopValue)' 등 기존에 상상하지 못했던 업사이클링을 구현하는 글로벌 기업들이 연이어 나타나고 있다.

06 한국환경산업협회에서 기업들을 대상으로 시행한 설문조사에 따르면 폐섬유, 폐가죽, 플라스틱이 주로 업사이클링의 소재로 활용된다. 그중 플라스틱은 일상생활에서 가장 흔하게 사용되는 만큼, 우리에게 친숙한 소재다. 2020년 기준으로 우리나라 전체 인구가 연간 소비하는 페트병은 56억 개로, 500ml 생수병으로 지구를 14바퀴 돌 수 있는 양이라고 한다. 플라스틱 문제에 사회적 관심이 쏠리고 있는 만큼, 우리나라에서도 다채로운 플라스틱 업사이클링 브랜드가 나오고 있다. 플라스틱으로 만든 의류를 선보이는 '몽세누', 플라스틱을 분해하는 미생물 기술을 활용하는 '리플라', 플라스틱을 활용해 감각적인 패션잡화를 선보이는 '쏘왓', 부피가 작아 선별이 어려운 플라스틱 쓰레기를 고유의 기술로 업사이클링하는 '노플라스틱선데이' 등이 바로 그곳이다.

내일의 지구를 위한 즐거운 업사이클링

노플라스틱선데이
NoPlasticSunday

9,987kg. 이 어마어마한 숫자의 정체는 바로 한 브랜드가 업사이클링한 플라스틱의 무게다. 그 주인공은 바로 끊어진 자원순환 고리를 회복하고 플라스틱 쓰레기의 지속가능한 순환구조를 만드는 업사이클링 브랜드 '노플라스틱선데이'다. 플라스틱 업사이클링이라는 말을 들으면 얼핏 딱딱하게 느껴질지도 모른다. 하지만 일요일의 환한 햇살을 닮은 노란색의 브랜드 컬러를 보면, 노플라스틱선데이를 한껏 친근하게 느낄 수 있다. 노플라스틱선데이만의 귀엽고 아기자기한 업사이클링 제품은 마음의 문턱을 한층 낮춘 브랜드 이미지와 닮아 있다.

노플라스틱선데이는 단순히 예쁜 업사이클링 제품을 만드는 데서 그치지 않는다. 이들은 수익의 일부를 환경단체에 기부해 시민공동체와 연대하고, 기술이전 및 위탁생산을 통해 지역자활센터의 취약계층 일자리 창출을 돕는다. 또한 이들은 대다수 기업과 달리 기술을 꽁꽁 감추려고 애쓰지 않는다. 오히려 노플라스틱선데이의 업사이클링 기술은 오픈소스화되어 있어 필요한 누구에게나 공유된다. 환경뿐만 아니라 사회 전체의 지속가능한 순환구조까지 챙기는 노플라스틱선데이, 내일의 지구를 위해 오늘도 초록빛 한 걸음을 내딛고 있는 이건희 대표의 이야기를 들어보자.

이건희
대표

'노플라스틱선데이'는 어떤 브랜드인지 소개 부탁드
릴게요.

저희 회사에서 만들고 있는 브랜드명이 '노플라스틱
선데이'고, 회사의 정식 명칭은 '프래그'라고 해요. 지구상에
남겨진 쓰레기로 지속가능한 미래를 만들고 싶다는 비전을
가지고 있죠.

플라스틱 쓰레기를 자원으로 활용해 새로운 제품으로
탄생시키는 데 주력하고, 고객과 시장을 발굴하고 연결하는
데 비즈니스 역량을 쏟고 있어요. 재활용을 통해 기존 플라
스틱 산업의 제조 문법에서 벗어나 좀 더 유연하고 확장가능
성이 있는 방식으로 제조하고 있습니다. 또한 재활용 플라스
틱을 더 다채롭게, 그리고 쉽고 보편적으로 사용할 수 있도
록 도움을 드리고 있어요.

'노플라스틱선데이'. 그대로 해석해 보면 '플라스틱 없는 일요일'이라는 뜻인데, 이 이름을 어떻게 지었나요?

'일주일에 하루 정도는 일회용 플라스틱이 없는 하루를 보낼 수 있다면 어떨까?' 하고 생각했어요. 어찌 됐든 플라스틱은 현시대를 살아가면서 꼭 필요하잖아요. 그 필요성을 어느 정도는 인정하면서도 한편으로는 현대의 필수품이 환경문제를 크게 야기하고 있다는 의미를 이름에 담고 싶었어요.

홈페이지를 보면 밝은 노란색이 눈에 들어와요. 그래서인지 굉장히 밝고 희망찬 분위기가 느껴져요.

네. 노플라스틱선데이의 브랜드 컬러는 노란색을 사용하고 있어요. 일요일 하면 주말의 밝은 햇살 같은 느낌이 들잖아요. 활기찬 기운과 여유로움, 긍정적인 에너지 등이 노란색과 딱 맞다고 생각했어요. 그런 밝고 긍정적인 이미지를 노플라스틱선데이에 담고 싶었어요.

노플라스틱선데이를 창업하게 된 계기가 있었나요?

학교 다닐 때 무언가 만드는 전공을 선택했는데, 버려진 자전거로 가구를 만드는 강좌가 있었어요. 폐자전거로 업사이클 가구를 만드는 사회적 기업들과 연계해 진행되는 작

리는 플라스틱 쓰레기의
속가능한 순환구조를 만듭니다

│선데이는 끊어진 자원 순환 고리를 회복하고
쓰레기의 지속가능한 순환 구조를 만듭니다.

[바로가기] [문의하기]

일주일에 하루 정도는 일회용 플라스틱이 없는

하루를 보낼 수 있으면 어떨까?

플라스틱의 필요성을 인정하면서도

현대의 필수품이 환경문제를 야기하고 있다는

의미를 담고 있는 노플라스틱선데이

업이었는데, 직접 자전거도 구하러 다니고 디자인을 하며 '사회적 가치'라는 것도 배웠고요. 버려지고 방치된 자전거를 수거하고 분해하고 재조립해 가구를 만드는 일련의 활동을 하면서, 도시에서 발생하는 폐기물에 대해서도 관심을 가지게 되었어요.

그러던 차에 'Precious Plastic(오픈소스로 공개된 도면으로 플라스틱 가공기계를 제작해, 누구나 쉽게 폐플라스틱의 업사이클링에 참여할 수 있는 글로벌 커뮤니티)'이라고 하는, 네덜란드에서 시작된 오픈소스 프로젝트를 알게 되었죠. 그리고 그 당시 제조환경이 갖춰진 곳에서 일하게 되면서 폐플라스틱으로 무언가 해볼 결심을 하게 됐죠.

노플라스틱선데이의 처음 시작은 어땠나요?

플라스틱을 재활용하는 장비들은 대부분 큰 산업단지 내의 공장에 있거나 도심 바깥에 있어요. 처음에는 그런 장비들을 개인이 활용할 수 있도록 해보고 싶었어요. 그래서 분쇄기, 사출기, 압출기와 같은 기계들을 만드는 일에 관심을 가지게 되었고, 이러한 기계를 이용해 버려진 플라스틱을 재활용해서 만든 것들을 나누고 싶다는 생각으로까지 확장하게 되었죠.

그런데 막상 재활용을 위해 선별장에서 플라스틱 쓰

레기를 가지고 돌아와 보니 이물질이나 오염물질이 너무 많이 묻어 있어서 다시 재활용하기 어렵다는 사실을 알게 됐어요. 그때 기계를 만드는 것보다 자원순환 구조를 만드는 게 정말 중요하면서도 어려운 일이라는 것을 깨달았죠. 어떻게 해결할 수 있을지에 대해서도 많은 고민을 했어요. 마침 서울환경연합에서 '플라스틱방앗간' 팀을 만나 '병뚜껑 모으기' 캠페인을 진행하면서 많은 도움을 받았어요.

이렇게 많은 활동을 하면서 노플라스틱선데이가 보유하고 있는 기계와 플라스틱 가공기술을 접목해 재활용하는 서비스 또는 도구를 만들고 싶은 분들을 모아보고 싶었어요. 노플라스틱선데이라는 브랜드를 통해 리사이클 또는 업사이클 플라스틱 제조 서비스 또는 기술을 공유하고, 개인화된 장비들을 보급하기 위한 브랜드를 만들고자 한 거죠.

다른 브랜드와 차별되는 노플라스틱선데이만의 특징은 무엇인가요?

재활용 플라스틱이 믹싱되어 탄생하는 색감과 패턴이 노플라스틱선데이만의 특징이라 생각해요. 사실 플라스틱 쓰레기를 재활용해 사용하면 특정한 색깔이나 특정한 수량 등을 의도한 대로 만들 수 없는 부분이 생기거든요. 그래서 저희는 각각의 재활용 플라스틱 소재를 조금씩 섞어서 거기

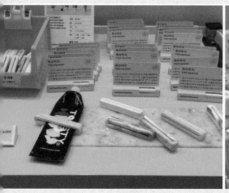

노플라스틱선데이의 플라스틱 재활용 공정과

재활용 플라스틱으로 만들어진 액세서리와 소품들

에 기반한 컬러 칩을 먼저 만들어요. 그다음에 그 칩으로 여러 제품을 만들어 내거든요. 이처럼 귀엽고 아기자기한 디자인의 제품을 기획하고 만드는 점 역시 노플라스틱선데이만의 장점이에요. 초반에는 사람들에게 친근하게 다가가는 게 중요하다고 생각하거든요. 그래서 지금까지도 액세서리나 소품과 같은 상품들을 주로 만들고 있어요.

앞으로는 소품이나 액세서리뿐만 아니라 사회적으로 다양성과 포용성을 보여줄 수 있는 제품들을 만들고 싶어요. 그래서 최근에는 시각장애인을 위한 점자 모듈이나 점자 사이니지(누군가에게 특정 정보를 전달하기 위해 만든 시각적 구조물), 무선 충전기 같이 기능을 담은 제품들도 개발하고 있어요.

노플라스틱선데이를 보면 제품의 판매뿐 아니라 직접 제작하는 것에 관심이 많은 것 같아요. 혹시 제품의 생산과 판매에 그치지 않고 기술을 공유하는 일도 함께 하고 있나요.

회사를 설립한 목적 자체가 제품 판매보다는 플라스틱 쓰레기로 새로운 무언가를 만드는 기술을 알리고 싶다는 데 있었어요. 사실 쓰레기라는 표현도 '필요한가, 필요하지 않은가'라는 쓸모에 의해 나뉘는 거잖아요. 나에겐 쓰레기일 수 있지만, 누군가에게는 필요한 것일 수도 있어요. 이처럼 필요한 사람에게 연결했을 때 그것이 쓸모 있는 물건이 되고 용도의 가치가 생기면 그건 더 이상 쓰레기가 아닌 거죠.

폐플라스틱을 활용해 다양한 실험을 공유하는 공간을 만들거나 저희가 가진 기술을 공유하고 워크숍을 개최하는 것들이 모두 사람들의 관심을 모으기 위한 방법이에요. 일반 시민들과 플라스틱 쓰레기를 연결하기 위한 하나의 수단인 셈이죠. 관심이 생기면 문제의식도 발생하니까요. 그래서 기술 공유에 꾸준히 힘을 쏟고 있고, 앞으로도 계속 노력할 예정이에요.

폐플라스틱을 판재로도 제작한다고 알고 있어요. 소재로서의 가능성과 환경적인 측면의 가능성을 모두 염두에 둔 건가요?

플라스틱이라는 단어의 유래가 '만들기 쉬운, 성형하기 쉬운'이라는 말에서 파생되어 나왔잖아요. 그런 의미가 담겨있는 만큼 다양한 제품을 만들 수 있어요. 재활용을 위한 체계만 잘 갖춰지면 제품으로 만들기는 더 쉬워요. 시공이나 제품 제작 과정에서 기획만 잘되면 지속적으로 재활용이 가능하거든요. 일상에서 다양하게 사용하는 집기류나 병, 테이블, 상판 이런 것들로 충분히 재활용될 수 있어요.

하지만 막상 폐플라스틱을 활용해 제품을 만들 때에

는 제품의 견고성 등 일정 수준 이상의 품질을 유지하는 데 어려움이 많아요. 열가소성 플라스틱 소재 같은 것들은 분쇄하고 갈아서 그냥 열을 가하면 성형이 가능해서 어렵지는 않은데, 플라스틱도 종류가 많다 보니 그렇지 않은 것들이 더 많아요. 사출을 하거나 새로운 제품을 만들면서 불량이나 폐기처리해야 하는 것들로 인해 오히려 쓰레기가 또 쌓이는 경우도 있어요.

그런 고민을 해결할 수 있는 방법 중 하나가 폐플라스틱을 판재로 만들어 활용하는 거예요. 판재에는 폐플라스틱이 굉장히 많이 사용되거든요. 또 판재로 만들면 용도가 다양해져서 여기저기에 쓸 수 있어요. 그런데 비즈니스적으로 보자면 가격이 합리적인 수준까지 떨어져야 시장에 보급이 되고 자원순환 구조가 만들어지게 될 텐데, 사실 지금은 폐플라스틱 판재가 많이 비싸요. 많은 양의 폐플라스틱을 재활용할 수 있다는 장점이 있는 반면, 지속적인 자원순환 구조가 되려면 조금 더 시간이 필요해요. 보편적으로 활용되려면 설비의 준비나 시장을 발굴하는 것에도 시간과 에너지가 필요해 보여요.

삼성전자와 함께 한 '에브리원 라운지' 공간 구축, 롯데백화점과 함께 한 'Movements in Nature' 공간 디스플레이, 이니스프리와 함께 한 '공병공간' 프로젝트 등 여러 기업과의 협업이 눈에 띄어요.

요즘 기업에서도 ESG가 큰 관심사잖아요. 트렌드나 마케팅적인 부분도 있겠지만, 대형 기업과 다양한 시도를 해 볼 수 있다는 것은 긍정적인 측면도 있는 것 같아요. 기업 입장에서도 기후위기나 환경오염과 같이 예측 불가능한 요인은 리스크가 될 수 있잖아요. 그런 부분들이 사업에 많은 영향을 미칠 수도 있을 거고요.

이제 개인뿐만 아니라 기업들도 지구환경에 지속적으로 관심을 가져야 한다고 절실히 느끼는 것 같아요. 환경문제는 당면한 현재의 문제이고, 그로 인한 비용이 실제로 발생하고 있거든요. 그래서 기업들도 당면한 문제의 해결을 위해 다양한 시도를 해보는 중이라고 생각해요. 기업들 나름대로 매뉴얼이나 측정가능한 지표도 만들어 내면서 일단 실행하고 있어요. 그것만으로도 의미가 있다고 볼 수 있지 않을까요? '기업은 환경문제를 야기하는 주체가 아니냐?'고 반문하는 사람도 있겠죠. 기업을 바라보는 다양한 관점이 있을 거예요. 그런데 협업을 해보니 기업 또한 환경문제에 대해 많은 고민을 하면서 여러 시도를 하고 있는 것 같아요.

업사이클링 제품을 만들기 위해 어떤 방식으로 폐플라스틱을 모으는지 궁금해요.

프로젝트 형식으로 일반 시민들을 통해 모으는 방법도 있고, 저희와 거래하는 고객사에서 보내주는 것들도 있어요. 제품을 만들면서 발생한 폐플라스틱으로 펠릿(Pallet)을 만들어서 보내주기도 하고요. 학교나 단체에서도 모아서 보내줍니다. 또 공장에서 나온 폐플라스틱을 사용해 보겠냐고 먼저 제안을 주기도 해요.

그런데 같은 플라스틱 소재라도 어떤 과정을 거쳐서 만들어졌는지, 어떤 색상과 소재가 사용되었는지에 따라 활용도가 나뉘어져요. 재활용이 가능한 것도 있고 불가능한 것도 있어요. 불량을 없애고 좋은 품질의 제품을 만들기 위해서는 일관된 소재로 만드는 것이 가장 좋거든요. 실제로 캠페인이나 프로젝트로 플라스틱을 모으면 수거하고 분류하고 세척하고 분쇄하는 일련의 과정에서 오히려 더 많은 비용과 과업이 발생하기도 해요. 이 부분에 대해서는 계속 고민하면서 방향을 잡고 있어요.

모은 폐플라스틱 중 업사이클링 제품이 되는 비율은 어느 정도인가요?

모은 폐플라스틱은 대부분 다 사용해서 제품으로 만

들고 있어요. 사출용은 사출 기술을 통해 다시 만들고, 사출이 어려운 것들은 분쇄해서 판재로 만들고 있어요.

그런데 모든 폐플라스틱을 재활용할 수는 없어요. 오로지 플라스틱 소재로 사용된 것들만 재활용할 수 있거든요. 안에 금속이 들어 있거나 하는 것들은 어쩔 수 없이 폐기할 수밖에 없죠. 최근에 핸드폰 케이스를 수거해 재활용하는 프로젝트를 진행했는데 실제로 사용할 수 있는 플라스틱의 양이 30% 정도밖에 안 되더라고요. 나머지는 가죽이나 금속 같은 복합 재질로 섞여 있어서 재활용하기가 많이 어려웠어요. 제품 안에 너무 다양한 소재들이 사용되면 재활용률이 그만큼 낮아지는 거죠.

우리 생활에서 사용하는 많은 것들이 플라스틱이잖아요. 이런 폐플라스틱이 업사이클링 제품이 되기 위해서는 어떤 조건이 필요한가요?

우선 소재가 어떤 종류인지 분명해야 해요. PP(폴리프로필렌)인지 PE(폴리에틸렌)인지, 열가소성인지 열경화성인지도 특정돼야 해요. 또 깨끗해야 하고, 접착제 같은 이물질이 많으면 제품을 만들 때 기계가 망가져 버려요. 그래서 재활용을 하거나 재가공을 하려면 우선은 깨끗한 플라스틱이어야 해요. 너무 가공이 많이 되었거나, 햇빛에 너무 많이 노출돼서 바랜 것은 실제로 갈거나 녹여서 제품을 만들어 보면 금방 부러지고 부서져 버려요.

페플라스틱 중에서도 오래 사용한 것들은 재활용하는 데 어려움이 많겠네요.

맞아요. 오래 사용되고 오래 버려진 플라스틱들은 가공 중에 연기가 너무 많이 나기도 해요. 특히 바닷가에서 사용했던 부표 같은 것들은 너무 더럽거나 바닷물이 닿아서 부식된 부분들이 있기 때문에 재활용하기에는 어려움이 많죠. 가공하면서 위험이 발생할 수도 있고요.

플라스틱을 가공하면서 발생하는 연기나 냄새가 심하면 인체에 해로울 수 있어요. 그래서 반드시 작업실 내부에 환기시설을 구비해야 해요. 저희도 가공 작업을 하다가 연기나 냄새가 너무 심할 경우에는 바로 작업을 중지해요. 환경적인 가치뿐 아니라 작업장과 작업자의 안전이 가장 중요하니까요. 그래서 위험성이 있는 페플라스틱은 어쩔 수 없이 폐기할 수밖에 없어요.

일각에서는 업사이클링의 한계를 지적하는 목소리도 일고 있다고 하던데요.

업사이클링이나 리사이클링 제품이 보편화되려면 일

정 수준 이상의 품질이 유지되어야 해요. 그러기 위해서는 좋은 분리배출 시스템과 플라스틱 소재들을 잘 관리하는 구조가 마련되어야 하는데, 이건 물건을 만들어 내는 사람뿐만 아니라 사용하고 버리는 사람들에게도 관심과 행동을 요하는 부분이에요.

일각에서는 "리사이클을 하고 업사이클을 해도 어쨌든 플라스틱이지 않느냐"고 말하는 사람들도 있어요. 맞는 말이죠. 그런데 플라스틱이 인류에게 당장 줄 수 있는 혜택에 대해 먼저 명확하게 인지해야 해요. 플라스틱이 무조건 환경에 해를 끼치는 나쁜 소재라고만 생각하는 건 무리가 있다는 거죠. 플라스틱이 인류의 삶과 산업 전반에 걸쳐 광범위하게 쓰이고 있으니 말이에요. 그래서 균형 잡힌 인식이 필요한 거예요. 극단적인 생각을 가지고는 지속가능한 방식을 만들기가 어려워요. 예를 들어 병원 같은 곳에서 플라스틱은 필수요소예요. 주사기, 링거 라인, 검사기기부터 수술장의 다양한 의료기기까지 거의 모두가 플라스틱으로 이루어져 있으니까요.

이러한 관점에서 우선 지금의 상황을 먼저 점검하고 앞으로의 미래를 같이 계획하는 방식으로 발전시켜 나가는 것이 필요해요. 이러한 과정이 계속되면 궁극적으로는 제대로 된 자원순환 구조가 나오지 않을까 기대하고 있어요.

수익창출을 위해 다양한 시도를 하고 있어요. 환경친화적인 면으로 고객들에게 어필하는 부분도 있겠지만, 한편으로는 일상생활에서 보편적으로 필요한 물건을 만드는 일에 중점을 두고 있어요. '일반적으로 사용되는 물건인데, 다시 보니 재활용 플라스틱이었다' 이런 식인 거죠.

제조 서비스 측면에서는 제조기술을 알려주는 사업 영역이 있고, 이미 개발한 제품을 고객에게 판매하는 영역이 있어요. 그리고 요즘은 기념품 메달 같은 제품을 커스터마이징으로 간편하게 만들어 낼 수 있게끔 하는 서비스도 제공해요. 고객이 시간과 장소에 구애받지 않고 주문하고 비용을 비교해 볼 수 있는 사이트도 만들고 있고요. 최근에는 K-POP과 관련된 제품이나 점자 사이니지 같은 제품도 만들었어요. 노플라스틱선데이라는 브랜드를 지속가능하게 만들기 위해 발버둥 치고 있죠.

원동력이라고 하면 '꿈'이겠죠. 솔직히 말해서 부담이 크지는 않아요. 부끄럽지만 지구를 지켜야겠다는 어떤 사명감이나 소명의식이 환경활동을 하는 분들에 비해 상대적으로 크지는 않거든요. 다만 좋은 물건과 좋은 서비스를 잘 만

들어서 고객들에게 전해주고 싶어요. 환경을 해치지 않는 과정을 거쳐 만들어진 제품이나 서비스가 소비자들에게 잘 도달했으면 좋겠다는 마음은 늘 가지고 있어요. '그러기 위해서 어떤 것이 필요할까' 고민을 많이 하죠.

지역재활센터와 함께 친환경 리사이클 제품을 생산하고 그 과정에서 일자리를 창출하는 프로젝트도 진행 중인데, 노플라스틱선데이를 창업하기 전부터 항상 생각해 왔던 일이에요. 이렇게 운영하면서도 탄탄한 구조의 기업이 될 수 있다는 걸 보여주고 싶어요.

요즘은 스스로에게 '목표가 무엇이냐'는 질문을 많이 하고 있어요. 매출액처럼 수치로 확인할 수 있는 것이 될 수도 있겠지만 사실 규정하기 어려운 지점이 있더라고요. 분명하게 말할 수 있는 한 가지 목표는 '시장에서, 그리고 노플라스틱선데이의 물건을 사는 사람들에게서 긍정적인 피드백을 받고 싶다'는 거예요.

앞으로 브랜드가 가고자 하는 방향이 궁금해요.

'친환경'이라는 단어가 어느 정도 보편적이고 일상적인 언어가 되었으니, 이제는 사용자의 경험을 고도화하는 방향으로 고민하고 있어요. 그리고 시각장애인을 위한 모듈형 점자와 같이 소외된 사람들이 더 배려받을 수 있는 제품을 꾸준히 개발하려고 해요. 전문기관과 함께 다양한 제품을 출시할 계획도 가지고 있고요. 그렇게 저희가 개발한 재활용 플라스틱 제품이 다양한 분야에서 보편적으로 사용될 수 있도록 준비하고 있어요. 우리나라를 넘어 해외 시장에서도 인정받을 수 있는 제품을 만들어 다양한 주체들에게 저희의 기술과 제품을 알리고 싶다는 소망도 있고요.

노플라스틱선데이로 세상을 어떻게 바꾸고 싶은가요?

많은 사람들이 플라스틱 소재에 대한 문해력을 기를 수 있도록 만들고 싶어요. 알고 사용하는 것과 모르고 사용하는 것, 알고 버리는 것과 모르고 버리는 것이 큰 차이가 있잖아요. 그런 측면에서 노플라스틱선데이가 플라스틱 쓰레기와 관계를 맺고, 그것을 활용한 제품을 통해 자원순환의 이해도를 올리는 역할을 잘 해내고 싶어요.

또 폐플라스틱을 활용한 소재가 새롭게 생산되는 플라스틱의 대체재로서 확실히 자리를 잡았으면 좋겠어요. 품질이 좋은데 환경적인 가치까지 담고 있는 제품을 만들어서, 제품 자체가 좋아서 선택될 수 있게끔 만들고 싶고요. 이런 기술과 제품이 대중화되어 제품을 구매하는 것만으로도 환경이 나아지는데 기여할 수 있도록, 우리 모두가 자원순환 구조의 적극적인 참여자가 될 수 있도록 만들고 싶습니다.

슬로우 패션

Slow Fashion

트렌드가 정말 빠르게 변하는 요즘, 백화점에 가보면 하루가 멀다 하고 새 옷이 걸려 있는 걸 볼 수 있어. 또 수많은 인터넷 쇼핑몰이 사람들을 유혹하기도 하지. SNS에서는 수많은 셀럽들이 패션 트렌드를 빛의 속도로 포스팅하고 있어. 주변을 둘러봐도 옷을 저렴하게 파는 브랜드들이 점차 늘어나고 있어.

이렇게 번개 치듯 변하는 패션 트렌드에 맞춰 제품을 빠르게 생산하고 유통하고 소비하는 것을 '패스트 패션'이라고 해. 그런데 요즘 이 단어가 환경오염과 연관되어 급부상하기 시작했어. '빠르게 만들어서 빠르게 소비한다.' 언뜻 들으면 아주 효율적인 방법 같은데, '패스트 패션'과 '환경오염'이 함께 등장한 이유는 무엇 때문일까?

01 '패스트 패션(Fast Fashion)'은 '패스트푸드'에서 파생된 단어로, 주문하면 바로 받을 수 있는 패스트푸드처럼 의류 또한 빠르게 기획하고 제작하여 유통한다는 뜻을 가지고 있다. 패스트 패션을 흔히 'SPA 브랜드'라고 부르는데, 여기에서 SPA는 '자가상표부착제 유통방식(Specialty retailer of Private label Apparel)'이라는 의미로, 다양한 디자인을 대량생산하는 형태를 말한다. 이 개념은 스페인의 패션 사업가이자 대표적 패스트 패션 브랜드 ZARA의 창립자인 아만시오 오르테가를 중심으로 시작되어 전 세계적으로 퍼져 나갔다. 2000년대 초반에 성장하기 시작한 패스트 패션은 현재 의류시장의 절반 이상을 차지하고 있으며, 그 흐름은 미국의 GAP, 스웨덴의 H&M, 일본의 UNIQLO 등 대표적인 SPA 브랜드의 탄생으로도 확인할 수 있다. 우리나라 역시 패스트 패션의 열풍에 동참하고 있으며, SPAO, TOPTEN 등이 대표적인 SPA 브랜드이다.

02 패스트 패션의 가장 큰 특징은 빠른 생산과 유통방식 그리고 저렴한 가격을 들 수 있다. '패스트 패션'이라는 개념이 탄생하기 전, 기존의 패션산업은 기획·제작·유통이 분리되어 있어 제품을 만들기까지 오랜 시간이 걸렸지만, 패스트 패션은 모든 과정을 하나의 기업이 담당해 빠르게 만들고 유통해 판매한다. 일반 패션업계가 1년에 4회 정도의 신상품을 선보인다면, 패스트 패션은 보통 2~4주 단위로 신상품을 선보인다. 이렇게 최신 트렌드에 맞춰 짧은 시간에 제품을 빠르게 제작하고 유통하여 판매하는 것이 패스트 패션의 핵심개념이다.

03 패스트 패션 시대의 도래로 소비자는 다양한 스타일의 옷을 손쉽고 저렴하게 살 수 있게 되었다. 그러나 패스트 패션은 편리함과 동시에 심각한 환경오염을 불러왔다. 빠르게 많이 생산되는 만큼 빠르게 많이 버려지게 된 것이다. 매년 생산되는 옷은 해마다 증가하여 2021년 기준 1,110억 벌을 넘어섰다. 소비자 한 명당 옷 구매량은 2021년 기준으로 15년 전에 비해 약 60% 이상 증가한 것에 비해, 한 벌을 소비하는 시간은 40%가 줄었다. 그 결과 전 세계적으로 의류 폐기물의 양이 연간 9,200만 톤에 이르게 되었다. 대부분의 버려진 옷은 소각되거나 매립되거나 그대로 방치되는데, 매 초 당 쓰레기 트럭 한 대 분량(약 2.6톤)의 옷이 소각 또는 매립된다고 한다.

04 패스트 패션의 폐해는 이것뿐만이 아니다. 의류를 빠르게 많이 생산하면서 사용되는 자원의 양 또한 어마어마하다. 패션산업에 쓰이는 면화는 세계 농지의 약 2.5%를 차지하며, 의류 생산과정에서 사용되는 화학물질의 양은 1년에 4,300만 톤 가량이다. 또한 폴리에스터와 같은 합성섬유의 재료를 만들기 위해 매년 3억 4,200만 배럴의 기름이 사용된다. 수자원의 사용량도 엄청나다. 면 티셔츠 한 장을 생산하는데 드는 물의 양은 약 2,700리터이며, 청바지 한 벌을 만들기 위해서는 7,000리터가 사용된다. 더욱 심각한 것은 섬유를 염색하는 과정에서 배출되는 염료들이 수자원을 끝도 없이 오염시키고 있다는 것이다. 우리 옷의 대부분을 차지하는 합성섬유 소재의 옷을 매일 세탁하는 과정에서 발생하는 미세플라스틱이 세탁기를 통해 유출된다는 점도 간과할 수 없는 해양오염의 현실이다. 일반적으로 5kg의 합성섬유 옷을 세탁하면 600만 개의 미세섬유 조각이 강과 바다로 유출된다고 한다.

05 UN에 따르면 패션산업은 전 세계 탄소배출량의 8~10%를 차지하는데, 이것은 항공과 해운 분야를 합친 것보다 더 많은 수치다. 이러한 이유로 패션산업은 '환경오염을 일으키는 산업 2위'라는 불명예를 안고 있다. 환경보호가 전 세계의 주요 사안이 되고, 그에 따라 패스트 패션에 대한 부정적인 인식이 커지면서 그 반대의 개념인 슬로우 패션(Slow Fashion)이 전 세계적으로 대두되기 시작했다.

06 슬로우 패션은 빠른 자원 소모와 폐기를 반복하고 있는 현대의 소비방식인 패스트 패션을 반대하며, 제작과 생산에 시간이 걸리더라도 오랫동안 입을 수 있는 의류 소비방식을 뜻한다. 친환경적인 의류 생산과 소비를 추구하고 자원 낭비와 빠르게 변화하는 유행을 지양하며, 합성섬유가 아닌 천연원료나 재활용 소재를 사용하는 등 지속가능한 친환경 소재를 활용하고자 하는 것이 슬로우 패션의 모토다. 슬로우 패션의 지향점에는 이미 사람들이 입고 있는 옷을 수선하고 고쳐서 다시 입는 방식도 포함되어 있다. 아무리 환경적으로 좋은 의미가 있다 하더라도 무엇이든 새로 생산되는 것보다 이미 소유하고 있는 물건(여기서는 옷)을 수선하고 고쳐서 다시 쓰는 게 환경적으로 훨씬 이롭기 때문이다. 그러나 슬로우 패션의 인지도는 패스트 패션에 비해 현저히 낮은 수준에 머물러 있다. 패스트 패션으로 인한 환경오염을 해결하기 위해서는 슬로우 패션 브랜드의 성장과 함께 슬로우 패션에 대한 소비자들의 인지도를 높이는 것이 필요하다.

옷으로 지속가능한 미래를 만들다

다시입다연구소

패션은 시대를 불문하고 남녀노소, 특히 젊은층이 열광하는 장르다. 그러나 그들 중 의류산업이 환경에 미치는 악영향에 대해 제대로 알고 있는 사람은 얼마나 될까? 환경부의 조사에 따르면 2020년 한 해, 우리나라의 의류 폐기물은 약 8만 2천 톤이며, 공장에서 나오는 폐섬유까지 합산하면 그 양은 40만 톤에 달한다고 한다. 인간이 살아가는 데 필수적인 세 가지 조건 중 하나인 의류는 어쩌다 재앙이 되었을까?

'다시입다연구소'의 정주연 대표에게 현재의 의류산업과 환경오염의 깊은 연관관계와 함께, 이에 따른 다양하고도 힘찬 대안을 들어봤다. 다시입다연구소는 패션산업에 대한 문제점을 정확히 파악하고, 이 문제를 다각도로 알리고 있으며, '21%파티' '수선혁명' 등으로 슬로우 패션을 촉진하는 여러 활동을 전면적으로 취하고 있는 유일무이한 단체이기 때문이다.

**정주연
대표**

**'다시입다연구소'는 어떤 브랜드인지 소개 부탁드릴
게요.**

다시입다연구소는 '다시 입기'를 통해 지속가능한 의
생활을 실천하며 환경을 보호하고자 하는 단체입니다. 의식
주 중 식생활과 주생활에 관한 환경문제를 이야기하는 단체
는 많은데, 의생활에서 환경을 이야기하는 단체는 거의 없더
라고요. 저 역시도 코로나 팬데믹 시기와 맞물려 의류가 환
경을 얼마만큼 파괴하고 있는지, 현대의 자본주의 논리로 인
해 얼마나 심각하게 환경이 공멸할 위기에 있는지를 알게 되
었습니다. 의생활에서의 환경문제를 공론화하는 것이 시급
하다는 생각에 다시입다연구소를 시작하게 되었어요.

다시입다연구소는 주로 어떤 활동을 하고 있나요?

말 그대로 옷을 '다시 입는' 활동을 해요. 멀쩡한 옷이
지만 내가 입지 않는 옷을 다른 사람에게 권하거나 교환해서

입는 문화를 만들고, 또 내가 좋아하는 옷은 끝까지 입고 고쳐서 입어보는 노력을 독려하는 활동을 하고 있어요. 우리 옷장 속에 있는 옷으로 충분히 살아갈 수 있도록, 옷이 버려지지 않는 제로웨이스트의 삶을 생활 속에서 실천할 수 있는 세상을 만들고 싶은 마음으로 활동하고 있습니다.

여러 환경문제 중에서도 '의생활'과 관련된 부분에 문제의식을 느낀 계기가 있을 것 같아요.

환경보호에 문제의식을 느끼게 된 계기는 숍스캄(Köpskam : 구매와 소비에 대한 부끄러움)이라는 단어를 처음 접하게 되었을 때였어요. 이 일을 하기 전에 외신을 통역·번역하고 요약하는 일을 했었는데, 그때 자연스럽게 접하게 되었어요. 스웨덴어로 숍(Köp)은 구매·매입이라는 뜻이고, 스캄(skam)은 창피함·부끄러움이라는 뜻이에요. 유럽에 가면 젊은 친구들이 '숍스캄'이라는 피켓을 들고 환경운동을 하는 모습을 많이 볼 수 있는데, '소비를 창피하게 여겨라' '개념 없는 소비가 환경을 망쳤다'라고 환경에 대한 메시지를 전달하고 있는 거예요.

그런데 우리가 잘 생각해 보면 소비의 대표적인 예가 바로 옷이에요. '새 옷을 생각 없이 계속 사는 행위가 환경적으로 문제가 있다'는 의식이 유럽의 젊은 친구들 사이에 넓게 형성되기 시작했고, 이런 문제의식에서 중고의류 시장이 확산된 거죠. '환경문제는 곧 옷의 문제'라는 것을 알게 되면서 장롱 속 본인이 입지 않는 옷들을 공유하면 환경을 살릴 수 있다는 인식이 생겨나기 시작했어요.

옷 하나를 만드는 데도 엄청난 자원이 소비된다고 들었어요.

혹시 청바지 한 벌을 만드는 데 물이 얼마나 사용되는지 아시나요? 무려 7,000리터가 들어가요. 이 정도면 한 사람이 7년 동안 마시는 양이에요. 그런데 그만큼의 자원을 소비해서 만든 옷의 가격이 한 벌에 고작 2~3만 원 정도예요. 이게 어떻게 가능할까요? 그만큼 물값이 싸고 노동력도 싸고 에너지도 싸기 때문에 그 정도 가격으로 판매가 될 수 있는 거겠죠. 우리가 자원의 가치를 너무 쉽게 생각하는 건 아닌가 하는 생각이 들었어요.

다시입다연구소의 대표 행사인 '21%파티'는 어떤 행사인가요?

지속가능한 의생활 캠페인을 해보자는 생각에서 시작한 행사가 '21%파티'예요. 일방적인 메시지를 전달하는 것에서 그치지 않고 누구나 직접 참여할 수 있고 실천가능한 콘

텐츠를 만들고 싶었어요. 그래서 자기가 안 입는 옷을 가지고 직접 만나 의류를 교환하는 행사를 하나의 파티처럼 열어본 거죠. 처음 시작은 코로나19가 막 시작한 2020년이었어요. 그때는 사회적 거리두기의 영향도 있었기 때문에 한정된 공간에서 20명 정도 모여 시작했어요. 이후 꾸준히 행사를 열었고, 3년이 넘은 지금까지 40회 이상 진행했어요.

그리고 행사의 저변을 확대하기 위해 '우리 힘만으로는 부족하니 여러분도 같이 열어주세요'라는 마음을 담아 다른 지역에서도 우리처럼 행사를 열 수 있도록 '21%파티 키트'도 제작해 나눠주며 전국적으로 파티를 진행하고 있어요. 키트에는 의류 교환권과 옷에 담겨진 짧은 사연을 남길 수 있는 스토리 태그도 포함해 누구나 우리와 똑같이 21%파티를 열 수 있도록 한 거죠. 2023년 10월에는 '21%파티의 달'이라고 해서 전국 35개소에서 열린 적도 있어요.

'21%파티'에서 21%는 무슨 뜻이에요?

2020년 중고의류 교환문화를 만들어 나가려고 할 때, 가장 먼저 시작한 활동이 설문조사였어요. 의류 교환문화를 이끌어가는 데 필요한 정보를 얻고 싶었거든요. 설문 중에 '당신의 옷장에 멀쩡하지만 사 놓고 안 입는 옷들은 얼마나 되나요?'라는 질문이 있었는데, 그 결과값의 평균 비율이

다시입다연구소는
'지속가능한 의생활 캠페인을 해보자'는 생각에
자기가 안 입는 옷을 가지고 직접 만나
의류를 교환하는 21%파티를 열고 있다.

21%였어요. 그래서 '21%파티'가 된 거예요.

'파티'라는 이름을 붙인 이유는 환경실천을 직접적으로 하는 의류 교환행사가 즐거웠으면 좋겠다는 생각에서였어요. 환경실천이라고 하면 대부분의 사람들은 진지하고 무겁게 느끼잖아요. 하지만 환경실천을 가볍고 즐거우면서도 재미있게 할 수 있는 모습을 보여주고 싶었어요. 그래서 행사가 있을 때는 좋은 음악도 선곡하고 음식도 신경을 써서 더 즐거운 파티가 될 수 있도록 노력하고 있어요.

21%파티를 시작하기 전과 후로 체감되는 변화가 있었나요?

리서치 회사에 의뢰해 21%파티의 효과를 한 번 측정해 봤어요. 21%파티에 참여했던 분들에게 참가하기 전과 후의 옷 소비량, 즉 새 옷을 사는 빈도가 얼마나 변했는지 물어봤는데, '전에는 한 달에 세 번 정도 샀다면 지금은 한 달에 한 번 정도 산다'는 답변이 꽤 있었어요. 150명 정도를 대상으로 설문조사를 했는데, 그분들 중에서 '21%파티를 갔다 온 이후에 새 옷을 사지 않게 됐다'고 답하시는 분들이 78% 정도나 됐어요. 생각 없이 무심코 새 옷을 사는 게 문제라는 것을 이제 인식하고, 중고 옷이 생각보다 좋다는 것을 느끼게 된 거죠.

'21%파티 위크'가 따로 있던데, '21%파티'와는 어떻게 다른가요?

'21%파티 위크'는 전국적인 파티 주간이에요. 전국에서 우리가 배포한 21%파티 키트를 가진 분들이 파티 호스트가 되어 같은 기간에 파티를 함께 열어주는 거죠. 위크 기간은 일주일인데, 항상 4월 24일을 끼워서 해요.

4월 24일은 2013년 방글라데시에서 9층짜리 옷 공장이 무너져 1,130명에 달하는 의류 노동자들이 죽은 인재 사고가 있었던 날이에요. 이 옷 공장 건물은 1, 2층에는 쇼핑몰이 있었고, 3~9층은 불법으로 증축된 의류 공장이 빽빽하게 들어 있었어요. 처음 건물에 균열이 일어나자 1, 2층 쇼핑몰은 사람들의 통제를 막았지만, 3~9층에 있는 공장의 공장주들은 발주에 맞춰서 옷을 보내야 하니까 문을 걸어 잠그고 노동자들에게 일을 시킨 거예요. 그러다 24일 아침 8시 48분에 건물이 무너져서 노동자들이 떼죽음을 당했어요.

이 사고가 있고 난 뒤 전 세계 사람들은 '도대체 우리 옷은 누가 만들고 어떻게 만들어지냐'며 분개했어요. 결국 옷의 소비문제는 환경뿐만 아니라 인권문제나 사회문제와도 연관이 깊어요. 저희는 그 사고를 잊지 않기 위해 4월 24일을 포함해 그 주간을 21%파티 위크로 정하고 있어요.

의류산업이 환경에 끼치는 폐해가 심각한 만큼, 다시 입다연구소의 역할이 막중할 것 같아요.

맞아요. 사실 예전에는 옷이 아주 귀한 물건이었어요. 부모님이 설이나 추석 때나 되어야 새 옷을 사주셨잖아요. 그런데 어느 순간부터 대형 의류 브랜드들이 생기면서 옷이 매우 저렴해졌어요. 이른바 '패스트 패션'이라는 비즈니스 모델이 생기기 시작한 2000년대 무렵부터였어요. 그전에는 디자인을 하고 유통을 거쳐 옷을 판매하는 기간이 꽤 길었어요. 그런데 그 과정을 14일 정도의 기간으로 짧게 만들어 버린 것이 바로 패스트 패션 비즈니스 모델이에요. 신상품들이 2주마다 나오다 보니 매장에 가면 항상 새로운 옷들이 쏟아지는 시스템을 만든 거죠. 대표적인 사례가 JA×, UNI×와 같은 브랜드예요.

옷을 대량으로 찍어내고 거기에 또 엄청난 광고를 통해 한꺼번에 판매한 뒤, 남은 옷은 다 소각시키는 시스템으로 패션산업이 돌아가고 있어요. 이러한 비즈니스 모델로 인해 수많은 산업 중에서 패션산업이 환경을 오염시키는 산업 중 2위를 차지하게 된 거예요. 패스트푸드처럼 너무나 빠르고 쉽고 저렴하게 살 수 있는 옷들이 나오면서 환경문제가 더욱 심각해졌죠.

그린포스트 코리아
November 21, 2018

세계에서 가장
심한 환경 오염을
일으키는
산업 2위가
패션 산업입니다.

패션산업은
'환경오염을 일으키는 산업' 2위라는
불명예를 안고 있다.

옷을 세탁할 때 발생하는 미세 플라스틱도 해양 환경을 심각하게 위협하고 있다고 하는데요.

환경을 이야기할 때 플라스틱 패트병을 많이 말하지만, 그에 못지않게 옷에서 나오는 플라스틱 양이 어마어마하거든요. 옷은 전 세계적으로 한 해 천억 벌 이상이 생산되고 있어요. 지구의 인구가 80억인데, 1,000억 벌이면 한 사람 앞에 열 장 이상씩 생산되는 수준이에요.

문제는 옷의 소재 중 70% 이상이 폴리에스테르나 나일론과 같은 합성섬유인데, 이것들이 바로 플라스틱의 일종이에요. 플라스틱과 똑같은 석유화합물이거든요. 이런 옷들을 세탁하면 어떻게 되겠어요? 세탁물에서 나온 미세 플라스틱이 걸러지지 않고 고스란히 강과 바다로 흘러가게 돼요. 그것을 미생물이 먹고, 그 미생물을 물고기가 먹고, 또 그 물고기를 인간이 먹는 거예요. 바닷물을 떠서 거기에서 나오는 미세 플라스틱을 분석해 봤더니, 미세 플라스틱 발생원인 1위가 바로 합성섬유였어요. 그 말은 곧 우리가 세탁을 할 때마다 나오는 미세 플라스틱이 가장 큰 문제라는 거죠. 그래서 프랑스에서는 2025년부터 미세 먼지를 걸러내는 필터가 장착되지 않은 세탁기는 판매를 금지하겠다고 정했어요. 이에 맞춰 파타고니아와 삼성이 협업해 미국 CES(소비자전자제품박람회)에서 미세 플라스틱 저감 세탁기를 선보였고요.

'패션기업 재고폐기 금지'라는 관련 법안 제정에도 힘을 쏟고 있다고 들었어요.

전 세계적으로 한 해 생산되는 옷이 1,000억 벌인데, 그중 미판매된 재고만 매년 30% 정도가 돼요. 패션 기업들은 대부분 경영을 투명하게 하고 있지 않아 재고가 정확히 어떻게 처리되고 있는지 알 수 없으나, 브랜드 옷일수록 소각되는 경우가 대부분이에요. 안 팔려서 버리는 게 아니라, 만들 때부터 판매 적정량을 예측하지 않는 거죠. 일단 많이 만든 다음, 팔고 남는 건 그냥 버리면 된다는 식이거든요. 그게 단가가 더 싸게 먹혀요. 왜냐하면 주문을 대량으로 넣었을 때 단가가 훨씬 낮아지거든요. 수요를 예측하고 어느 정도 물량의 옷을 만들었는데, 갑자기 수요가 늘어나면 옷을 추가로 제작하는 게 값이 더 많이 들어가요. 다시 똑같은 원단들을 수급해서 추가로 만들려면 시간과 돈이 더 많이 드니까 처음부터 아예 많이 만들고 남는 것은 버리는 거예요. 옷을 보관하려면 창고비용도 많이 들어가니까 재고를 소각하거나 폐기처분해 버려요. 그러면 손실 처리가 되어 회계상으로도 더 이득이라 하더라고요. 그리고 이미지가 좋은 브랜드일수록 옷을 기부하지 않아요. 사회적 취약계층이 자기네 브랜드의 옷을 입으면 브랜드 이미지가 떨어지기 때문이죠.

그래서 재고폐기 금지를 의무화하고 벌금을 부과하게

되면 기업들은 적정량을 생산하거나 남은 옷은 기부하는 쪽을 택하겠죠. 그러면 사회 연대도 좀 더 활성화될 거예요. 이런 효과를 기대하면서 관련 법안 제정에 힘을 쏟고 있어요.

'패스트 패션'은 환경오염뿐만 아니라 노동력 착취와 인권문제와도 확실히 관련이 깊은 것 같아요.

환경문제로 인한 의생활 캠페인을 하고 있지만 들여다보면 볼수록 노동력 착취와 인권문제가 정말 처참한 수준이에요. 대체로 의류공장들이 인건비가 싼 후진국에 밀집되어 있는데, 노동자들의 처우도 심각하고, 더 근본적으로는 목화 재배에 동원되는 아이들의 노동문제도 심각해요. 그리고 성평등 문제도 있어요. 의류 노동자의 80%가 여성들이고, 게다가 나이 어린 수많은 여자아이들이 공장에서 미싱을 돌리고 있어요. 인권을 생각했을 때도 이런 작업 여건은 반드시 지양되어야 해요.

상황이 이런데도 우리는 예쁜 옷을 싼 값에 사려고만 하지, 어떤 옷이 환경을 덜 거스르는지, 이 옷은 누가 만들었는지, 화학약품은 얼마나 사용됐는지 이런 부분은 전혀 따지지 않아요. 예쁘고 유행이 맞으면 그냥 사는 거예요. 이제는 그러면 안 된다는 이야기를 하고 싶어요.

여기에 또 기업들의 경영방식도 생각해 봐야 해요. 패

션 기업은 저렴하게 노동력을 쓸 수 있는 방법만을 찾아요. 보통 대형 브랜드들은 전 세계에서 가장 인건비가 싼 나라의 공장과 계약을 맺거든요. 만약에 방글라데시의 인건비가 제일 싸다고 하면, 방글라데시에 가서 다른 공장과 단가를 비교해 가장 싼 곳과 계약을 해요. 이때 계약 과정에서 깎인 돈은 대부분 인건비에서 깎여요. 공장 노동자의 인건비를 그만큼 깎는 것이기 때문에 노동자들만 피해를 보는 거죠.

이렇게 패션 기업은 대량으로 주문하고, 노동자는 열심히 밤낮으로 코피 흘리고 폐렴 걸려 가면서 옷을 만들고, 또 팔리지 않은 옷은 그냥 소각해 버리고…. 우리가 입는 옷을 만드는 과정에서 이렇게 비윤리적인 행태들이 끊어지지 않는 것을 보면 정말 안타까워요.

더 이상 이전과 같은 방식으로는 패션산업을 지속할 수 없다는 걸 소비자들이 알아주면 좋겠네요.

맞아요. 지금 전 세계는 슬로우 패션, 순환경제로 가고 있거든요. 이제는 단순히 경제적 논리에만 의거해 옷을 만드는 건 너무나 환경파괴적 행위이기 때문에 지양하는 분위기가 더 팽배해지고 있어요. '기후위기는 곧 경제위기'라는 사실을 이미 많은 사람들과 기업이 여실히 체감하고 있어요. 지금 당장 기후위기에 대처하지 않으면 지구를 못 지키고,

제대로 살 수도 없어요.

유럽연합에서는 2026년 1월부터 '탄소국경조정제도' 가 본격적으로 시작돼요. 원래는 천천히 시작하려고 했는데, 기후위기가 급격하게 심화되고 있으니 빨리 시작하자고 해서 앞당겨졌어요. 이 제도의 핵심은 탄소배출량이 많은 소비재들은 유럽에 들어올 때 세금을 더 물린다는 거예요. 그러니까 경제적 논리만을 생각해 옷을 만들 때 탄소를 많이 배출하거나 화학약품을 많이 사용하면 이제는 수출이 불가능하게 돼요.

'21%랩'이라는 곳도 운영하고 있어요. 여러 가지 실험적인 일들을 하는 공간 같은데, 어떤 곳인가요?

우리가 사용하고 있는 모든 것들은 다 자연에서 왔어요. 자연을 채취하고 착취해야만 물건이 만들어지거든요. 그런데 그렇게 착취해서 만든 물건들을 우리는 너무 쉽게 쓰고 버려요. 그런 식의 자본주의 사회가 됐어요. 감나무에 감이 열렸을 때 다 따지 않고 새들을 위해 조금씩 남겨두는 것처럼 자연을 귀하게 여겼던 시절이 있었잖아요. 그런데 어느 순간 '자연은 자연이고 소비는 소비다' 이런 식으로 자연과 소비를 나눠버리는 시대가 되어버린 거죠. 단순한 소비재로 보기 때문에 고장이 나거나 싫증 나면 버리면 된다는 생각이 자리 잡았어요.

　우리가 사용했던 것들은 단순히 물건이라고 생각할 수도 있지만, 어떻게 보면 순간순간을 함께했던 추억이 있는 물건들이잖아요. 그런 물건들을 내가 원하는 방식으로 수선하거나 커스터마이징해서 다시 만들어 내면 더 애착이 가고 의미가 더해지거든요. 그렇게 되면 버리기가 어려워져요. 더 오랫동안 함께할 수 있는 거예요. 의류를 교환할 때도 '잘 가, 블라우스야. 내가 널 언제 어떻게 만났었지. 부디 새 주인을 만나서 사랑받으렴.' 이렇게 생각하고 보내면 좋겠어요. '옷을 살 때 신중해야 되겠구나' '이 옷을 내가 이제는 다른 사람에게 보내는구나'라는 정서적인 부분들을 느끼고 보내는 것과 그냥 버리는 것과는 많이 다르다고 생각해요.

　21%랩은 이러한 지속가능한 의생활을 실험하는 공간이에요. 그곳에서는 의류 교환도 하고 수선도 하고 교육도 해요. 수선용 재봉틀도 있어서 재봉틀을 다룰 수 있는 사람은 직접 옷을 리폼해 보고 수선도 해볼 수 있어요. 그러니까 옷으로 할 수 있는 것들은 다 해보는 실험공간이자, 관련 다큐멘터리나 책의 저자를 만나는 문화공간이에요.

　성수동에서 팝업으로 두 번 열어봤는데, 지역 주민들이 너무 좋아하시더라고요. 21%랩을 통해 교환문화나 수선문화를 접하시고 계속 오는 분들도 있고 해서 너무 좋았어요. 지속가능한 의생활의 실험공간들을 전국 여러 곳에 만들고 싶어요.

여의도 국회의원회관에서 <옷, 재앙이 되다>라는 전시를 했었어요. 제목부터 굉장히 도발적인데 반응이 어땠나요?

재고폐기금지법의 발의를 위해 관련 학자와 환경부 관계자, 패션업계 관계자들이 함께하는 토론회를 준비했어요. 이때 토론회만 하기보다 사전에 이 운동의 취지를 부각할 수 있는 이벤트를 기획해 보는 게 좋겠다고 생각해 국회에서 전시를 열게 되었어요.

<옷, 재앙이 되다>라는 주제로 국회의원회관 안에 옷 무덤처럼 보이도록 옷을 엄청나게 쌓아 놓고, 인간의 손이 뻗치는 형상을 만들어 우리가 버린 옷들이 우리에게 재앙이 되어 돌아온다는 것을 표현했죠. 그런데 너무 도발적이었는지 다시입다연구소에 후원을 약속했던 한 패션 기업이 후원을 철회하기도 했어요. '너무 세게 표현했나' 싶어서 살짝 후회도 했죠.

다시입다연구소에서 주창하는 '수선혁명'이라는 표현이 참 좋은 거 같아요.

옷무덤처럼 보이도록 옷을 엄청나게 쌓아 놓고,

인간의 손이 뻗치는 형상을 만들어

우리가 버린 옷들이

우리에게 재앙이 되어 돌아온다는 것을 표현한

<옷, 재앙이 되다> 전시회

다시 고쳐서 사용한다는 점이 혁명적이라고 생각했어요. 자본주의 사회의 대안이라고 할 수도 있고, 더 나아가 의생활 시스템을 바꿀 수 있는 혁명적인 트렌드가 될 수 있겠다는 생각도 들었거든요.

수선은 의류업계 시스템을 고치는 것만큼 중요한 문제예요. 지금 전 세계적으로 이슈가 되고 있는 게 '수리할 권리(Right to Repair)'인데, 유럽에서는 관련 법안이 만들어졌고 미국도 주마다 다르지만 관련 법이 만들어진 곳이 있어요. 그리고 2023년 10월부터 프랑스는 국가에서 수선비를 지원해 줘요. 수선집에 수선을 맡기면 수선비의 반은 내가 내고 반은 국가에서 지원해 주는 거죠. 환경을 위해서 지금 우리가 쓰고 있는 물건을 안 버리는 게 중요하기 때문에, 국가 차원에서 수선을 장려하고 있는 거예요.

하지만 우리나라는 아직 수선이라는 인식 자체가 많이 빈약해요. 수선비로 돈과 시간을 들이는 것보다 싼 거 하나 새로 사는 게 낫다고 생각하는 사람들이 더 많을 거예요. 그런데 여기에는 기업의 꼼수도 들어 있어요. '의도된 노후화'라고 해서 모든 것들이 만들어질 때 일정 기간이 지나면 고장이 나도록 의도돼서 만들어져요. 그래야 새것을 또 사니까요. 그리고 고쳐 쓰려고 하면 부품이 없다고 해서 계속 사게 만드는 거예요. 이제 이런 '의도된 노후화'는 멈춰야 해요.

모든 건 만들 때부터 수리할 수 있도록 만들어져야 하고요.

다시입다연구소를 통해 세상을 어떻게 바꿔가고 싶어요?

'쓰고 버리는 사회'에서 '끝까지 책임지는 사회'로 나아가며 '환경을 위한 사회'를 만들고 싶어요. 사실 환경을 위한다는 건 옆에 있는 식물, 나와 같이 사는 동물, 비가 올 때 나타나는 지렁이·달팽이 같은 존재와 함께 살아간다는 개념이거든요. 그러니까 서로를 존중하는, 다양성을 존중하는 그런 사회가 바로 환경을 위하는 사회라고 생각해요.

단지 말하지 못하고 자기를 표현하지 못한다는 이유로 지금 수많은 동물, 식물, 광물, 미생물과 같은 모든 생명체가 고통받고 있어요. 인간은 하나의 종에 불과해요. 인간이 무소불위의 권위에 빠져서 모두가 공멸하는 사회로 간다면 희망이 없어요. 말하지 못하고 표현하지 못하는 존재도 인간과 평등하게 존중받을 수 있는, 인간이 겸손해지는 그런 세상을 꿈꾸고 있어요.

탄소중립

Net Zero

'탄소중립'이라는 단어가 아직 낯선 사람도 있겠지만, 환경에 관심 있는 사람들은 미디어나 웹상에서 자주 들어본 단어일 거야. 온실가스 배출량을 줄이고 대기 중으로 배출되는 탄소를 제거·흡수해 온실가스의 순 배출을 '0'으로 만드는 것을 탄소중립이라고 해. 배출되는 탄소와 흡수되는 탄소의 양을 같게 만들어 탄소의 순 배출을 0으로 맞추어야 하기 때문에 넷제로(Net Zero)라고도 불러. 그런데 얼마나 중요한 사안이길래, 전 세계가 입을 모아 탄소중립을 외치고 있는 걸까? 인류의 생존과 직결된 문제인 탄소중립에 대해 여우가 눈을 부릅뜨고 파헤쳐 봤어.

01 탄소중립에서 핵심은 당연히 온실가스다. 온실가스는 대기 중에 장기간 체류하는 가스상의 물질로, 흡수한 열을 대기권에 가두기 때문에 온실가스라고 한다. 대체로 이산화탄소, 메탄, 아산화질소 등이 이에 속한다. 물론 온실가스가 아예 없으면 안 된다. 지구의 평균 기온을 14℃로 유지하는 데 중요한 역할을 하기 때문이다. 하지만 과도하게 늘어나게 되면 지구에서 우주로 나가는 열을 잡아두게 되어 환경을 입체적으로 파괴하는 온실효과를 유발한다.

02 우리나라도 온실가스 배출에 대한 책임에서 자유롭지 않다. 한국은 2017년 기준으로 세계 11위이자 OECD 회원국 중 5위의 온실가스 배출 국가이다. 한국의 온실가스 배출량은 교토의정서에서 온실가스 감축 기준연도로 설정한 1990년 2억 9,210만 톤에서 2021년 6억 7,660만 톤으로 132%나 증가했다. 그동안 온실가스 배출량 증가율은 연평균 2.7%를 기록했다.

03 온실가스의 대부분은 에너지 분야에서 발생한다. 우리나라 역시 2021년 기준 전체 온실가스 중 86.9%가 에너지 분야에서 발생했다. 그 내역을 자세히 들여다보면, 공공전기 및 열생산이 32.7%, 수송 14.4%, 철강 14.3%, 화학 7.8%, 가정 4.7%, 상업·공공 1.8%, 기타 에너지가 11.2%를 차지했다. 에너지 외의 분야는 13.1%로, 산업공정이 7.5%, 농업 3.1%, 폐기물 분야가 2.5% 순으로 나타났다.

04 지구가 더워지면 폭염과 가뭄은 더욱 빈번해진다. 산불이나 폭우, 태풍과 같은 재난 역시 더욱 심해진다. 지구온난화로 빙하가 녹아 해수면이 높아지면 저위도 연안 지역은 침수 피해를 맞을 수밖에 없다. 현재 지구 평균기온이 고작 1도 상승했는데 벌어지는 현실이다. 이에 2015년 파리협정에서는 지구의 평균기온이 1.5℃ 이상으로 상승하지 않도록 기후저지선을 설정했다. 기후저지선은 인류의 생존과 생태계를 보전하기 위해 넘지 말아야 할 최후의 한계선을 말한다. 2009년 코펜하겐 당사국총회 당시 기후저지선은 2℃였으나, 지구 평균기온이 2℃ 상승할 경우 돌이킬 수 없는 생태계 파괴가 벌어진다는 사실이 과학적으로 밝혀지며 1.5℃로 기후저지선을 변경하게 된 것이다.

05 제48차 기후변화에 관한 정부 간 패널(IPCC) 총회에서 채택된 <지구온난화 1.5℃ 특별보고서>에 따르면, 2100년을 기준으로 지구의 평균기온 상승을 1.5℃로 제한할 경우 2℃로 제한할 때보다 해수면 상승 폭이 10cm 더 낮아진다. 그 결과 대략 1,000만 명 가까이 해수면 상승 위험에서 벗어날 수 있다. 또한 평균기온이 2℃ 상승하면 여름철 북극 해빙이 10년에 한 번씩 완전히 소멸하지만, 1.5℃로 제한하면 그 빈도가 100년에 한 번으로 줄어든다. 하지만 지금처럼 지구온난화가 지속된다면 2030~2052년 사이 평균기온 상승 폭은 1.5℃를 넘게 될 것이다.

탄소중립

06 2100년까지 지구 평균기온 상승 폭을 1.5℃ 이내로 제한하기 위해서는 어떻게 해야 할까? 우선 2030년까지 온실가스 배출량을 2010년 대비 45% 이상 감축해야 한다. 그렇게 노력해서 2050년까지 탄소중립을 달성해야만, 1.5℃의 기후저지선을 지켜낼 수 있다. 2020년 12월 기준으로 뉴질랜드, 덴마크, 스웨덴, 영국, 프랑스, 헝가리 등 6개국이 탄소중립을 헌법으로 정해 놓았다. 유럽연합(EU)과 일본은 2050년, 중국은 2060년까지 탄소중립 실현을 선언했다. 도널드 트럼프 행정부 때 탈퇴했던 파리협정에 재가입한 미국 역시 2050년까지 탄소중립을 이루겠다고 약속했다.

07 온실가스 배출은 특정 국가만의 문제가 아니라 전 세계가 함께 짊어져야 하는 문제다. 우리나라가 적게 배출하더라도 다른 나라가 많이 배출하면 전 지구의 온실가스 총배출량에 따라 모두가 균등하게 피해를 본다. 특정 국가나 몇몇 기업의 노력만으로는 온실가스를 감당하기 어렵다는 말이다. 탄소중립이라는 목표에 다가가기 위해서는 전 세계인의 노력이 절실하다. 탄소중립까지 목표로 한 시간은 2050년. 이제 고작 26년밖에 남지 않았다.

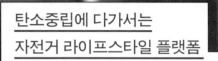

탄소중립에 다가서는
자전거 라이프스타일 플랫폼
라이트브라더스
WRIGHT BROTHERS

200g vs 0g. 1km 주행 시 자동차와 자전거의 탄소배출량이다. 알다시피 자전거는 주행을 할 때 탄소를 배출하지 않는다. 물론 자전거를 만들고 폐기하는 과정에서는 탄소가 발생한다. 다만 자전거의 경우 자동차 한 대를 생산할 때 발생하는 탄소의 1% 수준밖에 되지 않는다. 그런데 이마저도 줄일 수 있는 방법은 없을까? 바로 중고자전거를 사용하면 된다. 그럼 생산과 폐기 과정에서 드는 탄소마저 0으로 만들 수 있다.

이렇듯 평범한 사람들이 가장 쉽게 탄소중립을 실천하는 방법은 바로 자전거를 적극적으로 타는 것이다. 우리나라에는 중고자전거 거래를 통해 자전거 타기를 활성화시키고, 탄소중립에 한 발짝 더 다가설 수 있도록 해주는 기특한 브랜드가 있다. 바로 '라이트브라더스'다. 라이트브라더스를 통해 중고자전거를 구매하면 품질이 보장되어 있으니 누구나 안심하고 자전거를 타며 탄소중립에 참여할 수 있게 된다. 이처럼 자전거에 진심인 라이트브라더스의 초록빛 행보를 김희수 대표에게 들어 보았다.

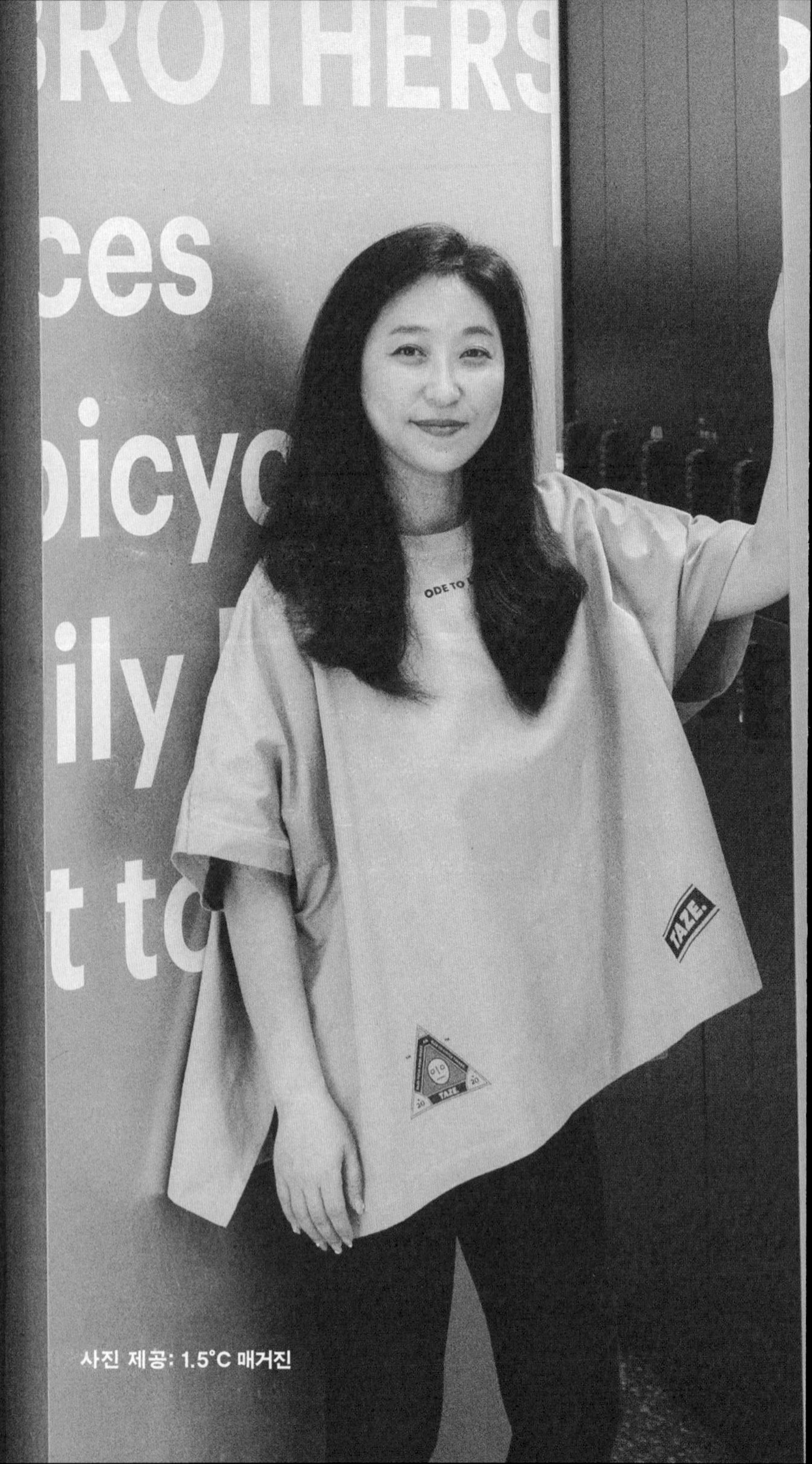

사진 제공: 1.5°C 매거진

'라이트브라더스'는 어떤 브랜드인지 소개 부탁드릴 게요.

라이트브라더스는 자전거 타기 좋은 환경과 문화를 만들기 위한 서비스 디자인 회사예요. 자전거를 타며 탄소 중립을 실천하고, 자전거로 절감한 탄소량을 객관적으로 측 정하는 특허 기술을 통해 탄소배출권과 연동하여 이용자에 게 포인트를 부여하고 있어요. 즉, 자전거를 위한 DX(디지 털 전환, Digital Transformation), 자전거를 통한 GX(녹색 전환, Green Transformation) 전문 플랫폼이라고 보시면 됩니다.

회사명에 담긴 뜻이 궁금해요. 라이트 형제와 관련이 있나요?

네, 라이트 형제에서 따온 이름이 맞아요. 라이트 형제 는 원래 자전거를 정말 좋아하던 정비공이었어요. 자전거 정 비 일을 하다 비행기 만드는 일에 도전하게 된 거죠. 자전거의 경우 페달링을 하면서 앞으로 나아가잖아요. 그 원리를 이용해 인류 최초의 비행기를 만든 거예요. 그 당시 비행기를 만들려고 했던 사람들은 모두 엔진만 연구하고 있었어요. 그런데 라이트 형제는 자기들이 좋아하던 자전거에서 영감을 받아 하늘로 대륙을 이동하고 싶은 인류의 꿈을 이뤘어요. 최고로 성공한 자전거 덕후인 셈이죠. 자전거로 인류를 변화시킨 라이트 형제처럼, 라이트브라더스 역시 자전거로 시작해 어디까지 나아갈지 모르기에 이름을 그렇게 지었어요.

어쩌다 자전거로 사업을 시작하게 되었나요?

저는 라이트브라더스를 창업하기 전 트렌드에 민감한 브랜딩 회사에서 일을 했었는데, 앞으로는 '개인화'가 매우 중요한 트렌드로 자리 잡을 거라는 생각이 들었어요. 그중에서도 운동 시장이 부각되고 있었는데, 평소에 자전거를 취미로 즐기다 보니 자전거가 자연스럽게 눈에 들어왔어요.

그런데 러닝 하면 나이키, 요가 하면 룰루레몬, 이런 식으로 카테고리마다 문화를 리드하는 브랜드들이 있는데, 자전거 시장은 제조사가 물건을 팔기에만 바쁘단 생각이 들었어요. 그래서 자전거 카테고리에서 사용자 기반의 서비스 디자인 회사를 만들면 좋겠다는 생각이 들었죠.

창업 당시 벤치마킹하거나 롤 모델로 삼은 브랜드가 있었나요?

제가 창업 당시에 벤치마킹했던 곳은 첫 번째가 룰루레몬, 두 번째가 위워크, 세 번째가 현대카드였어요.

요가에서 영감을 받은 프리미엄 기능성 스포츠웨어 브랜드인 '룰루레몬'은 평범을 넘어서는 경험을 주는 게 운동이라고 말해요. 단순히 격렬하게 도전하는 이미지로 운동을 그리지 않았죠. 그 점에서 영감을 얻었어요. '위워크'의 경우 슬로건이 'Do What You Love', 즉 '네가 좋아하는 일을 해'라는 뜻이죠. 한때 유행했던 워라밸이라는 단어에는 일이 삶에 대립된다는 관점이 반영되어 있었는데, 위워크가 강조하는 일은 삶과 다르지 않은 '내가 사랑하는 일'이에요. 그 관점에서 회사를 차렸어요. 라이트브라더스 구성원들의 대부분이 소위 '자전거 덕후'인 이유가 여기에 있죠. '현대카드'는 제게 비즈니스의 개념을 정립해 줬어요. 가령 삼성카드나 신한카드가 아니라 기왕이면 현대카드를 쓰는 이유가 뭘까요? 현대카드는 디자인 라이브러리나 뮤직 라이브러리와 같은 문화적인 라이프스타일을 계속 제안해 주잖아요. 저희 역시 자전거에 라이프스타일을 더한다는 방향을 설정했죠.

라이트브라더스의 첫 시작은 중고자전거 인증 위탁판매였어요.

네. 2017년 창업 당시에는 중고자전거의 인증 위탁판매로 시작했었고, 2021년부터 자전거 중고거래 플랫폼으로 발전했어요. 지금은 중고거래 플랫폼에서 한발 더 나아가, 자전거 전문 플랫폼으로 발전하고 있어요. 원래 목표했던 로드맵대로 가고 있는 중이에요.

저희는 처음부터 소위 '찐 유저'라 불리는 자전거 매니아들이 원하는 바를 해결해 주고, 그들에게 인정받으면 확장이 가능할 거라 생각했어요. 그래서 고가자전거 유저를 핵심 타깃으로 잡았고요. '다른 카테고리는 고가 유저 시장이 형성되어 있는데, 왜 자전거는 없지?'라는 질문을 해보니 구조상 전문적인 중고시장이 있어야 가능한 일들이 많았어요. 그래서 저희는 전문적인 중고거래부터 시작한 거예요.

말씀드렸듯이 초기에는 중고자전거 인증 위탁판매부터 시작했죠. 사업자금이 충분치 않았으니까요. 위탁판매부터 시작해 투자유치를 받고 중고거래 플랫폼으로 변화해 갔어요. 2021년부터는 고가의 중고자전거뿐만 아니라, 저가의 버려진 자전거를 재생하는 프로젝트도 진행하는 식으로 확장했죠.

중고거래 플랫폼에서 한발 더 나아가,
자전거 전문 플랫폼으로 발전하고 있는
라이트브라더스

중고나라나 당근마켓과 같이 기존의 중고거래 플랫폼에서도 자전거 거래가 활발한데, 자전거 중고거래에서 라이트브라더스만의 차별점은 무엇인가요?

라이트브라더스의 경쟁사는 중고나라나 당근마켓이 아니에요. 저희는 중고거래 회사가 아닌 자전거 전문 플랫폼이거든요. 그렇다 보니 자전거에 집중한 데이터가 체계적으로 꾸준하게 축적되고 있어요. 그리고 이렇게 쌓아 온 데이터로 다양한 서비스를 펼칠 예정이에요. 준비하고 있는 서비스 중 하나는 자전거에 대한 시세조회 서비스예요. 버티컬 플랫폼(Vertical Platform : 특정 상품 카테고리에 관심사를 가진 고객층을 공략하는 특화된 서비스 플랫폼)의 핵심 중 하나가 거래표준을 만드는 거잖아요. 예를 들어 네이버 부동산을 보면 부동산 거래에 대한 시세가 나오듯, 저희는 자전거에 대한 수많은 데이터를 모아 시세조회나 개인 추천 서비스 등을 고도화해 나가고 있어요.

중고나라와 당근마켓이 경쟁업체가 아니라고 하셨는데, 그럼 라이벌로 생각하는 회사가 있나요?

뜬금없이 들릴 수도 있겠지만, 저희의 라이벌은 넷플릭스예요. 넷플릭스는 사람들을 집 밖으로 안 나오게 만들잖아요. 반면 라이트브라더스의 목표는 사람들을 집 밖으로 나오게 만드는 거예요. 넷플릭스만 보던 사람들이 집에서 나와 자전거를 타면 탈수록, 라이트브라더스가 꿈꾸는 세상에 한 발자국 더 나아갈 수 있으니까요.

라이트브라더스의 대표적인 키워드 중 하나가 '탄소중립'이에요. 탄소중립을 위한 수단으로 자전거를 선택한 이유가 무엇인가요.

자전거는 누구나 가장 쉽게 친환경 활동에 참여할 수 있는 수단이에요. 특히 자전거는 어린이부터 어르신까지, 최빈국부터 선진국까지 전 세계 사람들 누구나 탈 수 있잖아요. 가령 재생에너지, 탄소포집 기술 같은 것은 평범한 개인과는 거리가 있죠. 하지만 자전거는 그저 타기만 하면 바로 탄소중립을 실천할 수 있어요.

라이트브라더스 앱이나 웹사이트에 들어가면, 자전거 중고거래를 통해 얼마나 탄소를 저감했는지도 나오더라고요. 자전거 탄소배출 알고리즘도 독자적으로 개발했죠?

네, 저희가 특허를 가지고 있는 기술이에요. 자전거를 새로 만들거나 혹은 폐기하는 과정에서는 탄소배출이 될 수밖에 없어요. 그렇다면 '중고거래를 통해 제품의 수명주기를 늘려 주면 그만큼 탄소를 아낄 수 있다'는 가설을 바탕으로 탄소절감 정도를 측정했어요. 그런데 만만치 않은 작업이었어요. 제조 단계에서 들어가는 소재나 각각의 무게에 따라 탄소절감 정도가 달라지는 등 변수가 상당히 많거든요. 그 모든 변수를 최대한 계량화해서 알고리즘을 만들었어요. 물론 완벽하다고 단언할 수는 없고, 지금도 계속 기술을 발전시키고 있어요.

현재 라이트브라더스는 자전거로 절감한 탄소배출량을 회원들에게 포인트로 제공하고 있죠.

맞습니다. 라이트브라더스는 회원들이 자전거를 탄 만큼 리워드해 주는 R2E(Ride to Earn) 서비스를 운영하고, 모아진 라이딩 기록 중 탄소절감에 기여한 데이터들을 탄소배출권으로 거래하고 있어요. 사실 '자전거로 탄소배출을 절감했다'는 말은 누구나 쉽게 할 수 있잖아요. 그런데 탄소배출권 거래까지 가려면 이론만으로는 불가능해요. 객관적인 계량화가 필수예요. 그래서 저희는 제3의 기관에서 방법론을 인증받고, 기술적인 특허도 출원했어요. 탄소배출 절감을 어떻게 측정(Measurement), 보고(Reporting), 검·인증(Verification)하는지와 탄소배출권을 카드사 포인트와 연동하는 기술적인 방법론 등 다양한 기술을 국내외에서 특허 등

록한 상황입니다.

해당 포인트 이름을 스윗스웻 포인트(Sweet Sweat Point)라고 지었어요. 이 포인트의 배경이 궁금합니다.

운동하고 땀을 흘리면 기분이 좋잖아요. 자전거와 함께 기분 좋게 땀을 흘리는 모습에 착안해 이름을 지었어요. 스윗스웻 포인트를 떠올리게 된 계기는 '흥정'이었어요. 이상하게 자전거 시장은 고가 모델도 "가격 좀 깎아 주세요!"가 빈번하게 일어나는 시장이에요. 보통 명품 가방을 사러 가서는 흥정을 하지 않잖아요. 우리는 가격을 깎아 주는 대신 열심히 타면 그만큼 포인트를 적립해 주는 혜택을 주면 고객 입장에서도 만족하겠다고 생각했죠.

스윗스웻 포인트를 탄소배출권 시세와 연동한 점이 기발해요.

탄소중립에 대해 좀 더 재미있게 알리고 싶었어요. 딱딱한 지식으로만 접근하면 지루할 수밖에 없잖아요. 대신 '사람들이 얻게 된 포인트와 탄소배출권 시세와 연동하면 다들 좀 더 탄소중립에 관심을 가지지 않을까?' 하고 생각했죠. 자신이 보유한 포인트가 탄소 가격에 따라 오르고 내리니, 자연스럽게 탄소배출권에 대해 관심을 가지게 되죠. 계량화

자전거를 위한 모든 것
라이트브라더스

WRIGHT
BROTHERS

내자전거 파손까지 케어하는
라브케어 안심보장

FIND
BADGE!

Kalus 01 THREE
4,520,000원

자전거 타면 돈이되는
R2E :
Ride To Earn

Sweet
Sweat
Point

자전거로 우리가 함께 만든
지속가능 리포트

아래의 리포트는 23년 12월 기준입니다.

이만큼 저감했어요!
5,673,982 kg

라이딩 거리
24,317,540km
지구 약 606 바퀴

라이딩 횟수
639,360회

라이딩 시간
4,800,335시간
환산하면 약 558년

153,2

73,400₩

24,800₩

Sweet
Sweat
Point

라이딩 기록과
중고거래로 쌓이는 혜택
스윗스웻 포인트

Ride
내가 달린 거리만큼 맵과 연동하여
또 한번 포인트 Plus

Resell
추억을 주고받는 중고거래를 할때마다
포인트 Plus

하고 눈에 보이게 해주는 작업이 그래서 중요해요. 내가 하는 행동이 탄소중립에 얼마나 기여하는지를 알게 되면 좀 더 많은 사람들이 참여할 거예요. 특히 자전거에 진심인 고관여 이용자들에게 '자전거 주행뿐만 아니라 자전거 중고거래로 탄소배출을 절감할 수 있다'는 걸 알리는 데 라이트브라더스가 상당히 이바지했다고 자부해요.

자전거의 잔존가치를 측정해서 이를 활용한 금융상품도 출시할 계획이라고 들었어요.

네. 지금 열심히 준비 중이에요. 정수기나 비데 렌탈의 경우, 렌탈비를 다 내면 내 것이 되잖아요. 지금 나오는 자전거 렌탈 상품도 마찬가지예요. 내 것이 된 후에야 계속 쓰거나 팔거나 하겠죠. 하지만 직접 사고파는 과정이 불편하다 보니 그냥 버려지거나 창고에 처박아 두는 자전거가 정말 많아요. 이때 새로운 주인을 찾아가는 과정이 물 흐르듯 쉽고 편하게 진행되면 탄소배출 절감에 기여할 수 있겠다고 생각했어요.

가령 자동차 렌탈의 경우 잔존가치를 파악해 만기 때에는 차량을 인수하거나 반납할 수 있잖아요. 자전거는 그게 안 됐던 이유가 바로 데이터가 없어서였어요. 아무도 자전거의 잔존가치를 보증할 수 없었죠. 하지만 라이트브라더스에는 지난 6년 동안 차곡차곡 쌓아 놓은 자전거 데이터가 있어요. 다시 말해 그동안 축적한 데이터를 통해 브랜드 모델이나 연식에 따라 잔존가치를 파악할 수 있는 기술이 저희에게는 있어요. 그래서 이를 활용해 자전거 렌탈과 금융, 보험 등을 연결하는 금융상품을 내놓을 계획이에요.

단순히 거래 플랫폼이 아닌, 핀테크 기업이라고 봐도 무방하겠네요.

사실 많은 분들이 라이트브라더스를 자전거 중고거래 플랫폼으로만 인지하는 경우가 많습니다. 하지만 제대로 알면 좀 더 넓은 범주로 회사를 이해하게 돼요. 실제로 해외에서는 그린 핀테크 기업이라고 봐주는 경우도 많고요.

이른바 '자전거 건강검진'을 통해 중고자전거의 신뢰를 확보했잖아요. 특히 자전거 비파괴 검사라는 것이 인상적이에요.

자전거는 자동차와 달리 아무런 기록이 없어요. 사고가 났다고 해도 사고이력이 남지 않아요. 수리이력이 남는 것도 아니고요. 자전거랑 자동차 모두 내 몸을 싣고 다니는 중요한 교통수단인데, 자전거는 아무런 데이터가 없어요. 그래서 자전거를 중고로 거래할 때 구매자는 어쩔 수 없이 의심을 하게 돼요. '혹시 사고 났던 자전거가 아닐까?' '혹시 문제가 있는데 나에게 숨기고 파는 건 아닐까?' 등 판매자 입장에서는 애지중지 관리했어도 어쩔 수 없이 의심을 받게 되거든요. 특히 자전거 커뮤니티에서 사고이력이 있는 자전거를 속이고 판매하는 중고거래자들에 대한 불만이 계속 나오고 있어요.

자전거를 구성하는 카본 소재의 경우 강도가 뛰어나지만, 라이딩 중 강한 충격을 받으면 내부에 파손이나 미세 균열이 일어날 수 있어요. 이처럼 겉으로 멀쩡해도 속이 엉망이면 큰 사고로 이어질 수 있어요. 그래서 자전거 이용자들 사이에서는 표준 엑스레이 장비를 이용해 외관 손상 없이 정확하게 제품의 내부상태를 진단하는 비파괴 검사에 대한 니즈가 꾸준히 있었어요.

'이왕 할 거면 제대로 해보자'고 결심했죠. 저희는 외관 검사는 물론이고 비파괴 검사 등을 통해 전문가가 61개의 항목을 꼼꼼히 진단해요. 진단한 자전거는 '라브 인증' 마크를 부여해요. 라이트브라더스가 인증한 '라브 인증' 자전거라면 정말로 신뢰해도 좋습니다. 이외에도 7일 안심 환불제, 90일 케어 서비스, 프레임 평생 보증 제도와 같은 애프터서비스에도 신경을 많이 써서 고객의 신뢰를 확보하고자 노력하고 있어요.

서울시와 함께 버려진 자전거를 수리해 재생자전거로 만들어 판매하는 프로젝트도 진행했어요.

개인적으로 정말 좋아하는 프로젝트예요. 서울 자치구 지역자활센터에서는 버려진 자전거를 수거·수리해 재생자전거로 판매하고 있어요. 지역자활센터에서 취약계층에게 일자리를 만들어 주고, 동시에 버려지는 자전거도 재활용하는 프로젝트였는데 안타깝게도 재생자전거가 거의 팔리지 않았어요. 열심히 수선해 만든 자전거인데 팔리지 않으면 자활센터에서 작업하는 사람들은 자존감이 떨어질 수밖에 없잖아요.

그런 상황에서 서울시에서 '라이트브라더스의 플랫폼을 통해 재생자전거를 판매하면 어떻겠냐'는 제안이 왔어요. 기쁜 마음으로 수락했죠. 하지만 반대하는 직원들도 있었어요. 저희는 재생자전거를 팔아도 1% 정도의 수익밖에 남지 않아요. 8만 원짜리 자전거를 팔아도 800원밖에 남지 않는 구조죠. 저희 입장에서는 개발자와 MD, 사진 촬영 등 많은 인력이 투입되는데도 말이죠. 하지만 ESG의 관점에서 우리 작업이 얼마나 중요한 의미의 프로젝트인지 잘 알기에 계속 진행하고 있어요.

서울시와 함께
버려진 자전거를 재생해 판매하는
재생자전거 팝업스토어

ESG에 진심인 만큼, 자전거가 오가는 도심 생태계 전반에도 관심이 많을 것 같아요.

혹시 'n분 도시'라고 들어 보셨나요? n분 도시는 일자리나 여가문화, 상업, 교육 등과 같이 필수 생활시설을 도보로 n분 이내에 누릴 수 있는 도시를 말해요. 가령 프랑스 파리에서는 '15분 도시' 프로젝트를 진행해요. 파리의 센강 도로를 보행자 거리로 지정하고 차량 통행을 폐쇄하는 등, 자전거와 보행자를 위한 공간으로 바꾸고 있죠.

현재 도시의 주인공은 사실상 자동차잖아요. n분 도시는 도시의 주인공을 자동차가 아닌 사람으로 바꾸고, 도보와 자전거로 이동하기 좋은 도시를 만드는 프로젝트예요. 이때 n분 도시의 핵심 교통은 바로 자전거라 할 수 있어요. 그래서 라이트브라더스는 자전거로 도시를 살아 숨 쉬게 만드는 이른바 '바이시클 어바니즘(Bicycle Urbanism)'을 꿈꾸고 있어요.

말씀하신 '바이시클 어바니즘'에 대해 자세히 소개 부탁드려요.

우리가 흔히 자동차로 다니면 a에서 b까지 가장 최단거리를 찾죠. 그래서 자동차가 활성화되면 특정 장소 몇 군데만 발전할 수밖에 없어요. 반면 자전거로 이동할 경우 구석구석을 자유롭게 다니면서 잠시 내렸다가 구경도 할 수 있어요. 자전거가 도시 곳곳에 생명력을 불어넣는 일종의 혈관 역할을 담당하는 거죠. 즉, 바이시클 어바니즘은 자전거를 통해 혈액순환이 잘되고 살아 숨 쉬는 도시를 말해요.

예를 들어 서울은 자전거로 이동하기가 힘든 도시잖아요. 차도로 자전거가 나오면 운전자들이 막 욕하죠. 하지만 자전거는 원래 차도로 다니는 게 맞아요. 게다가 자전거 도로에는 함부로 주차된 자동차가 너무 많아요. 이런 현상이 없어지려면 자전거 이용자가 많아져야 해요. 자전거 도로에 이용자가 없으니 차를 세우는 거잖아요. 여러분이 자전거를 최대한 많이 타도록 하는 것이 라이트브라더스의 목표예요. 자전거 이용자를 늘리는 것이 바이시클 어바니즘으로 다가가기 위한 첫걸음이라고 할 수 있어요.

바이시클 어바니즘을 구현하는데, 국가적으로 어떤 정책이 절실한가요?

전기자전거에 대한 정책이 늘어났으면 좋겠어요. 전기차의 경우 보조금을 주잖아요. 전기자전거 역시 지원정책이 필요해요. 저는 전기자전거에 지구의 미래가 달려 있다고 생각해요. 서울에서 고지대 동네의 경우는 돈이 많거나 반대로 돈이 없는 분들이 사는 경우가 많아요. 부자는 자기들 차를 타고 언덕을 오르면 돼요. 그렇다면 부자가 아닌 이들이 언덕길을 쉽게 오를 수 있는 수단은 전기자전거라고 생각해요. 특히 우리나라는 이제 고령화 사회잖아요. 일반 자전거를 쉽게 탈 수 없는 노년층에게 전기자전거는 편리한 이동수단이 될 수 있어요.

지금 라이트브라더스는 자전거 시장의 개척자잖아요. 앞으로 꿈꾸는 자전거 시장의 모습이 있나요?

네. 저희는 지금 시장 개척자의 역할을 하고 있는 것 같아요. 자전거 시장에 '프리미엄 자전거 인증 중고 서비스'라는 새로운 시장을 만든 개척자라 할 수 있겠네요. 자전거 커뮤니티에서도 '아무도 안 하는 걸 라이트브라더스가 해줬으면 좋겠다'라고 생각하더라고요. 딱 그 위치인 것 같아요.

저희는 앞으로 자전거가 라이프스타일 그 자체가 되어야 한다고 생각해요. 요즘 유행하는 러닝을 보면 이봉주 선수의 마라톤과 나이키 러닝 크루의 마라톤은 완전히 다르잖아요. 전자는 열심히 운동하는 프로의 모습이고, 후자는 쉽게 실천할 수 있는 라이프스타일이거든요. 자전거 역시 라이프스타일로서의 시장이 활성화되면 좋겠어요.

한강에서 따릉이를 타는 젊은이부터 전기자전거로 자유롭게 언덕을 오르는 어르신까지, 다채로운 이용자가 자전거를 쉽게 탈 수 있어야 해요. 자전거 시장에서 가장 경계해야 할 모습이 바로 자전거 매니아 하면 떠오르는 전형적인 이미지에요. 예를 들어 각종 전문적인 의류와 장비를 풀로 착장하고 격렬하게 자전거를 타는 모습 말이에요. 물론 자전거를 본격적인 운동으로 탈 때는 맞아요. 하지만 그 모습과 다르다고 틀린 것은 아니죠. 일상에서 출퇴근하거나 이동하는 데에는 그 정도까지 갖출 필요는 없겠죠. 딱 헬멧 정도만 쓰고 모두가 자전거를 편히 타는 모습이 일상이 되었으면 좋겠어요.

라이트브라더스처럼 좋아하는 분야에서 시장을 개척하려는 후발주자들에게 해주고 싶은 조언이 있을까요?

취미와 사업은 다르다고 말씀드리고 싶어요. 덕후의 가장 큰 단점은 자기가 너무 잘 알아서 자기가 아는 게 정답이라고 생각하는 거예요. 자신과 생각이 다른 사람은 적이라고 생각하는 경우도 있더라고요. 하지만 사업은 내 생각이 얼마나 시장으로부터 떨어져 있는지를 인정하는 과정이에요. 왜냐하면 나와 다른 사람이 훨씬 많잖아요. 라이트브라더스도 마찬가지예요. 자전거를 사랑하는 매니아들만 생각하면 미래가 없어요. 반대로 자전거를 타지 않는 사람들에게 우리의 미래가 달렸어요. 그들이 자전거를 타게끔 만들어야죠.

**라이트브라더스의 앞으로의 계획이나 목표를 말씀해
주세요.**

고가의 중고자전거하면 라이트브라더스를 생각할 수
있겠지만, 앞으로는 '자전거하면 바로 라이트브라더스'가 되
었으면 좋겠어요. 사실 제 목표 중 하나가 자전거 하면 라이
트브라더스를 떠올리게 하는 것이었어요. 물론 아직은 저희
의 위력이 미미하죠. (웃음) 하지만 앞으로 '자전거 하면 라이
트브라더스'라고 이용자들에게 각인시키는 것이 저희의 목
표입니다.

에코 커뮤니티

Eco Community

'에코 커뮤니티'는 자연과 인간의 평화로운 관계를 위해 회원들이 자율적으로 조직을 운영하고 의사결정을 내리는 형태의 조직을 말해. 그래서 이런 에코 커뮤니티들은 일반적인 회사의 상명하복 문화가 아닌, 공동의 가치와 목표를 공유하며 민주적인 의사결정 과정을 통해 조직을 운영하고 발전시키는 특징이 있어. 여기서 하나 짚고 넘어갈 중요한 부분이 있어. 에코 커뮤니티는 블록체인의 기본 개념인 탈중앙화 자율조직 네트워크 DAO의 영향을 받고 있어. DAO는 회원 모두가 주체가 되고, 균등한 발언권을 가지며, 공동의 의사결정에 참여해 목표 달성을 추구하는 조직이야. 에코 커뮤니티 자율조직, 어쩐지 환경적으로 꽤 근사한 조직 같은데 좀 더 파헤쳐 볼까?

01 에코 커뮤니티 자율조직은 자연에 모티브를 둔 네 개의 핵심 키워드를 바탕으로 운영된다. 첫째, 상호의존성과 상호연결성으로, 자연의 상호보완적인 원리와 움직임을 모방하고 존중하는 조직의 형태를 갖춘다. 둘째, 순환과 회귀성이다. 이 역시 에너지와 물질을 순환시켜 재활용하고 회귀시키는 원리에 착안하며, 순환경제를 통한 지속가능성을 모색한다. 셋째, 다양성과 적응력이다. 자연에는 다양한 생물종이 존재하며, 이러한 다양성이 적응력을 높여준다. 에코 커뮤니티 자율조직은 다양한 아이디어와 관점을 수용하고 융합하여 조직의 능력과 적응력을 향상시켜 혁신과 발전을 이룬다. 넷째, 균형과 조화다. 자연의 균형과 조화는 조직문화와 관계도에 반영된다. 구성원 간의 균형을 유지하고 조화롭게 상호작용함으로써 조직 내·외부의 균형을 유지하고 지속가능한 성장을 추구한다.

02 에코 커뮤니티 자율조직의 대표적인 예로 '오픈 협동조합(Open Co-op)'을 꼽을 수 있다. 오픈 협동조합은 2004년에 설립된 영국 기반의 온라인 플랫폼으로, 협동체의 이해를 촉진하고, 협동조합의 원칙과 가치를 공유하며, 협동사업이 성장하고 발전하는 데 도움이 되는 리소스를 제공한다. 이름에서 알 수 있듯이 누구에게나 열려있는 개방형 조직으로 공개금융을 운영하고, 오픈소스 소프트웨어를 만들며, 공개 프로토콜을 개발한다. 공동의 협력을 바탕으로 한 솔루션은 대안경제 강화에 그 의의를 둔다.

03

에코 커뮤니티 자율조직이 수익을 창출하는 방법은 다음과 같다. 첫째, 상품 또는 서비스를 제공하여 소비자들의 수요를 충족시키고 동시에 수익을 창출한다. 이러한 제품 또는 서비스는 환경에 해를 가하지 않는 지속가능한 방식으로 생산되거나 제공하는 것을 원칙으로 한다. 둘째, 커뮤니티 구성원이나 지지자들로부터 멤버십 비용 또는 기부금을 모을 수 있다. 이러한 자금은 조직의 운영 비용을 지원하거나 프로젝트를 구현하는 데 사용될 수 있다. 셋째, 지속가능한 삶에 대한 교육 프로그램을 제공하여 지식을 공유하고 자긍심을 갖도록 지원할 수 있다. 교육 프로그램의 수강료를 통해 수익창출을 꾀할 수 있다. 넷째, 지역 커뮤니티 이벤트나 환경 행사를 주최하여 수익을 창출할 수 있다. 이와 같은 방법 외에도 특정한 커뮤니티의 필요와 자원을 고려해 다양한 수익모델을 탐구할 수 있다. 중요한 것은 이러한 수익모델이 조직의 목표와 가치에 일치하며, 동시에 지속가능한 방식으로 운영되어야 한다는 것이다.

04

에코 커뮤니티 자율조직은 다양한 측면에서 (인간이 포함된) 자연에 긍정적인 영향을 줄 수 있다. 첫째, 이들은 지역생태계를 보전하고 유지하는 방법을 모색하며, 환경오염과 자원낭비를 최소화해 지구의 생명력을 유지한다. 둘째, 자연자원을 효율적으로 관리하고 보호함으로써 자원고갈 문제를 예방하고 지구의 자원을 더 오래 사용할 수 있도록 돕는다. 셋째, 시민들에게 환경교육을 제공하고 환경보존에 대한 의식을 높이는데 기여한다. 이를 통해 공동체 전체의 환경적 책임감을 강화한다. 넷째, 지역사회의 경제 활성화를 도움으로써 지역사회의 복지와 발전에 기여한다. 다섯째, 자연과 인간이 조화롭게 공존할 수 있는 방안을 모색하며, 지구 전체적인 생태계의 균형을 유지하는 데 이바지한다.

벌을 통해 환경을 살피며
인간의 성장을 꾀하는 열린 조직

댄스위드비
DANCE WITH BEES

시작은 꿀벌이었다. 2020년 여름, 한 브랜드 디렉터가 토종꿀 브랜딩 작업을 맡게 됐다. 그는 브랜딩 작업을 위해 전국의 밀원지를 찾아다니다 커다란 문제를 발견했다. 꿀의 개체 수가 급감하고 있었던 것이다. 꿀벌 멸종의 배후에는 기후위기가 있었다. 기후 변동성이 높아 겨울에 먹이를 찾아 나선 벌들이 추위로 인해 집으로 돌아오지 못했다. 거기에 더해 살충제의 남용, 낭충봉아부패병 등의 전염병, 벌에게 설탕을 무리하게 주고 꿀을 갈취하는 양봉방법 등이 두루 겹친 복합적인 문제가 있었다. 이 상황의 모든 원인과 배후에는 대량생산과 대량소비 시스템이 있다는 결론에 다다랐다.

브랜드 디렉터가 생각하기에 꿀벌의 문제는 곧 인류의 문제였다. 그는 꿀벌을 살릴 방법을 모색하기 위해 '댄스위드비'라는 조직을 만들고 '댄비학교'를 열었다. 이는 곧 분산화된 자율조직, 협동조합 형태의 커뮤니티로 발전했고, 이를 통해 환경과 자연, 인간의 공존뿐만 아니라 인간의 성장과 진화에 대해 꿈꾸기 시작했다. 벌을 통해 환경을 살피며 인간의 삶과 성장도 함께 독려하는 조직, 댄스위드비의 윤성영 대표를 만나 벌의 초개체의 신비로운 구조에 대해 들었다.

**윤성영
대표**

'댄스위드비'는 어떤 브랜드인지 소개 부탁드릴게요.

댄스위드비는 이름 그대로 '꿀벌과 함께 춤추는 사람들'이라는 의미를 담은 커뮤니티이자 브랜드예요. 다른 생명과 내가 올바른 관계를 맺을 때 우리의 삶이 지속가능하다는 것을 멸종위기에 처한 벌로부터 배우고 성장하자는 의미죠. 댄스위드비의 멤버들은 서로를 꿀벌 친구들, 즉 '꿀친'이라고 부르며, 생태계에 중요한 역할을 하는 꿀벌처럼 '공존을 위한 나의 역할'을 찾아가고 있습니다.

댄스위드비는 어떻게 시작하게 되었나요?

처음에는 토종꿀 브랜딩에서 시작됐어요. 사라져 가는 토종벌을 살리는 방법 중 하나로 힘겹게 토종꿀을 채취하는 양봉 농가의 꿀을 상품으로 만들어 판매해 사람들에게 확산시키는 것이죠. 기존에 판매되던 제품보다 용량도 다양하게 만들고 라벨링도 고급화시켜 토종꿀 브랜딩을 시도했어요. 그러다 보니 공급원인 토종벌을 더 깊게 알아야겠다는 생각이 들었어요.

벌이 사는 곳을 '밀원지'라고 하는데, 비교적 오지에 있는 밀원지를 방문하며 토종벌들이 처한 상황을 알게 됐어요. 토종벌이 멸종위기에 처해 있었는데, 밀원지를 살피다 보니 살충제와 농약의 무분별한 사용, 잘못된 양봉방법, 그리고 기후위기의 문제까지 닿아 있더라고요. 기후위기라고 하면 흔히 북극곰을 떠올리지만, 사실 꿀벌이야말로 자연을 지속시키는 데 너무나도 중요하고 상징적인 존재거든요. 왜냐하면 꿀벌은 공룡시대부터 존재했는데, 많은 종들이 지구에서 사라지는 와중에 꽃과 공진화를 통해 살아남으며 수많은 생명의 역사를 대변했어요. 이렇게 인류보다 훨씬 전부터 살아왔던 종이 지금 인간 때문에 사라진다는 것이 제게는 충격적으로 다가왔어요. 현실적으로 인간이 꿀벌을 지킬 수 있을까 하는 의구심이 들기도 했지만, 어떻게든 함께 공존해야 한다는 문제의식을 가지게 되었고, 그렇게 댄스위드비가 시작되었어요.

댄스위드비는 환경단체인가요? 구체적으로 어떤 일을 하고 있나요?

음, 환경단체라기보다 환경 커뮤니티라고 하는 게 맞

는 것 같아요. 저는 댄스위드비를 시작하기 전에 자본주의의 정점이라 할 수 있는 브랜드 CI, BI를 만드는 디자인업을 평생 동안 해왔어요. 그렇기에 갑자기 환경운동가 같은 사람이 된다는 것은 힘이 들었죠. 디자인 회사를 운영하다 '프롬'이라는 오가닉 마케팅 기반의 이커머스 회사를 창업했고, 그 과정에서 꿀벌을 만났어요. 그렇게 만난 꿀벌의 존재감이 너무 놀라웠죠. 이후 사랑에 빠지듯 자연스럽게 꿀벌에 빠져 꿀벌이 처한 문제의 답을 찾는 과정 속에서 댄스위드비만의 독특한 커뮤니티를 만들게 되었어요.

이렇게 저는 사람과 사람을 연결하는 이커머스 회사 프롬에서 출발했다가 꿀벌에 꽂히게 되면서 1년 넘게 꿀벌과 인연을 이어 왔어요. 프롬에서는 사람과 사람을 연결하는 데 집중했다면, 댄스위드비에서는 꿀벌과 사람이 연결될 때 특별한 일이 벌어진다는 걸 알게 되었죠.

댄스위드비로 모인 꿀친들은 신기하게도 인간뿐만 아니라 다른 생명, 다른 종에 관심이 많더라고요. 지금의 댄스위드비는 '꿀벌처럼 꿀친이 초개체로 모여 있는 모습이다'라고 이야기하고 싶어요. 꿀벌은 군락생활을 해요. 군락 안의 수만 마리의 벌이 여왕벌이 낳은 아이를 자기 아이로 생각해요. 공동의 목표를 향해 수만 마리의 벌이 한 덩어리처럼 움직이죠. 너무 신기한 생명이에요. 만약 그런 꿀벌처럼 우리

인간도 모두가 연결되어 있다는 것을 받아들이는 순간 새로운 길이 열릴 수 있다는 생각이 들었어요.

그럼 '댄스위드비는 꿀벌을 통해 자연과 사람의 문제를 고민하면서 성장하는 커뮤니티'라고 정리를 해도 될까요?

네, 그런 범주로 이해해도 될 것 같아요. 다만 댄스위드비가 환경단체로 불리거나 제가 환경운동가로 여겨지면 환경을 지키기 위해 전사적으로 움직이는 사람으로 감지될 텐데, 저는 댄스위드비가 일반적인 환경단체의 미션과 목적을 비슷하게 가진 단체는 아니라고 생각해요. 저는 어떤 정해진 영역이나 규정 안에 댄스위드비를 한정적으로 가두고 싶지는 않아요.

어떤 의도의 이야기인지 알겠는데, 그래도 어떤 단체든 커뮤니티든 단체의 정의랄까, 정체성이 정리되어야 한다고 생각해요.

댄스위드비는 계속 진화하고 있다고 생각해요. 처음에는 토종꿀을 브랜딩하고 판매해 그 상품을 널리 알리면서 토종꿀과 양봉 농가를 좀 더 양성적으로 부흥시키려는 시도를 했어요. 그런데 우리나라도 토종벌이 낭충봉아부패병 때문에 80% 가까이 사멸한 상태여서 저희의 움직임이 크게 영향을 미칠 수 없다는 걸 알게 됐죠. 한국 토종벌의 DNA를 판별하는 일도 너무 복잡한 문제였어요. 결국 토종벌 자체를 지키고 부흥시키려는 일은 우리 같은 작은 단체의 움직임으로는 쉽지 않다는 걸 알게 되었고, 그 와중에 작고 놀라운 생명체인 벌을 비롯해 다양한 자연과 환경의 문제와 우리가 연결되어야 한다는 깨달음을 얻었어요. '벌을 지킨다'라는 미션보다는 '극한 이기심을 가진 인간이 이기심을 버리고 생명에 대한 사랑을 회복해야 한다'는 생각이 더 중요해진 거죠.

　꿀친으로 모인 사람들이 환경을 비롯해 다양한 주제로 배움을 얻고 성장을 꾀하는 공간이 필요하다는 생각을 했고, 그 과정에서 '댄비학교'를 만들게 되었어요. 대학 은사님이신 그린 디자이너 윤호섭 교수님과의 만남 후에 이런 생각은 더 확장되었고요. 일반 환경 커뮤니티나 시민 교육프로그램처럼 주도자가 따로 있고, 프로그램이 세팅되어 있는 게 아닌, 댄비학교에서는 모인 사람들이 함께 서로를 성숙시키고 성장해 나갈 수 있는 그런 시간을 디자인하고 싶다는 생각을 실행해 나가고 있어요.

단순히 환경을 지키는 커뮤니티로 불리기보다는 사람도 환경의 일부니까 댄스위드비는 그 사람들이 연결되

어 서로 성장을 꾀하는 커뮤니티로 여겨지길 바라는
거군요.

네, 맞아요. 제가 생각하는 환경은 자연환경만 있는 게
아니에요. 사람들이 사는 자본주의 환경도 환경이거든요. 보
통 사람들이 환경을 지켜야 한다고 할 때 대부분 자연환경을
떠올리잖아요. 그런데 댄스위드비가 관심을 가지고 있는 벌의
문제는 자연환경과 더불어 자본주의와도 매우 밀접하게 영향
을 받고 있다고 생각해요. 자본주의는 인류가 만든 거잖아요.
자본주의에 지배되어 사는 사람들이 스스로 훼손된 존재감을
자각하고, 환경과 다른 생명체들과의 관계성에 대한 각성·반
성 등을 해야 하지 않을까 그런 생각을 강하게 했어요.

최근 벌이 거의 멸종되다시피 했어요. 꿀벌이 갑자기
사라지고 있는 이유는 무엇 때문일까요?

크게 세 가지 이유인데요. 하나는 살충제 문제예요. 살
충제라고 하는 것이 인간에게는 별로 해가 없어요. 그런데
아주 작은 곤충들에게는 악영향을 크게 미치고 있어요. 또
하나는 기후위기인데, 지금은 날씨 변동이 너무 심하잖아요.
꿀벌들은 좀 따뜻해지면 봄이 온 줄 착각해 낮에 해가 나면
밖으로 나가 활발하게 활동을 하다 해가 지면 벌집으로 돌아
와야 하는데, 갑자기 추워지니까 돌아오질 못하고 죽는 거예

요. 그리고 가장 큰 문제점은 낭충봉아부패병이에요. 이 병은 벌 유충에서 발생하는 바이러스 질병으로 토종벌의 에이즈, 토종벌의 흑사병으로 불려요. 이 병에 걸리면 치사율이 90%가 넘어요. 이 병이 전국에 확산되어 너무 많은 숫자의 벌들이 다 죽어 버렸어요. 사실 벌의 문제는 인류가 야기한 여러 환경문제 중 하나인데, 굉장히 치명적이에요.

벌이 사라지면 구체적으로 어떤 문제가 가장 크게 생기나요?

지구 농작물의 80% 이상이 꽃가루받이(수분활동)를 통해 생산되는 만큼 벌의 멸종은 인간의 멸종과 직결되어 있다고 볼 수 있어요. 우리가 먹는 채소와 과일 등의 수분활동을 해주는 존재가 거의 다 벌이라고 보면 돼요. 그러니까 인간들 입장에선 꿀 자체보다는 벌들이 하는 생산활동에 의미가 있는 거예요.

벌이 사라지면 식량문제가 터질 것이고, 식량문제가 터지면 못 사는 나라부터 타격을 받겠죠. 최재천 교수님께서는 이러한 식량위기는 전쟁위기로 연결될 수 있다고 말씀하셨어요. 먹고사는 문제가 인간에겐 최고로 심각한 문제이기 때문이죠. 인류 입장에선 인류의 존폐와 직결된 게 꿀벌인데, 꿀벌 입장에선 식물의 번성을 돕는 일이 벌의 생존활동인 거예요. 꽃을 돕고 꿀을 얻는 게 너무 신비롭죠.

댄스위드비는 특히 토종벌에 계속 집중하고 있는데 특별한 이유가 있나요?

일반 양봉벌은 100% 사육해서 기르는 벌이에요. 공장식 양봉인 거죠. 아카시아, 밤나무 등의 군락 옆에 네모난 벌통을 수십 수백 개 놓아 두고, 공장처럼 꿀을 거두는 거죠. 거둬서 인간이 대부분 다 가져가요. 뱅글뱅글 돌려 꿀을 빨리 빼는 기계가 있어요. 꿀을 빼앗긴 꿀벌들은 어떻게 될까요? 갑자기 식량이 없어지니까 난리가 나는 거예요. 생존을 위해 더 열심히 일을 할 수밖에 없어요. 그런 혹사를 100년 넘게 해온 거예요.

그런데 제가 만나 온 많은 토종벌 농가들은 꽤 평화로운 모습으로 벌과 공존하고 있었어요. 토종벌을 치는 농부들은 대부분 농약을 치지 않고 유기농 농사를 해요. 토종벌 거두는 걸 본업이라기보다 부업으로 하기 때문에 꿀벌들이 꿀을 생산하지 못하더라도 큰 타격이 없어요. 벌들을 혹사시키지 않고 자연스럽게 꿀을 얻는 거죠. 그런 모습을 보면서 '벌과 인간이 함께 평화롭게 공존할 수도 있겠구나'라는 희망의 실마리를 가지게 되었어요.

우리나라는 꿀 생산의 95% 이상이 양봉꿀이에요. 토

종꿀은 너무 희소해서 판매처도 수급하기 어렵고 양 자체가 적으니까 돈이 안 되는 거예요. 돈이 안 됐기 때문에 오히려 토종벌의 삶이 지켜졌다는 게 너무 아이러니하죠.

댄스위드비에서 2022년부터 '댄비학교'를 시작했죠? 댄비학교는 어떤 목적을 가지고 시작했나요?

꿀벌과 인류가 연결된 여러 문제들을 알게 되면서 복잡하고 세세하게 얽혀 있는 문제를 어떤 방향으로 풀어 나가야 할지 처음엔 좀 막막하더라고요. 그런 고민을 하다가 '이 문제에 대해 먼저 고심한 선생님들이 있지 않을까' 찾아봤어요. 생태학 쪽에서 최재천 교수님, 지구과학 쪽에서 이정모 관장님, 양봉가 중에 발도르프 유기농법으로 벌을 치는 남상대 농부님 등을 알게 되었고, 이런 분들과 같이 이야기해 보면 실마리를 찾을 수 있겠다 싶었어요. 그런 와중에 최재천 교수님께서 댄비학교 첫 강의의 손을 잡아 주셔서 댄비학교가 순항을 시작할 수 있었어요. 첫 강의 때 예상보다 꽤 많은 사람들이 모였는데, 모인 분들이 모두 생명에 관한 생각이 남다른 분들이었어요.

이후 그린 디자이너 윤호섭 교수님, 에코그린마켓 마르쉐@ 이보은 기획자, 김진만 MBC 다큐멘터리 피디, 생태 조경전문가 김봉찬 대표, 김현아 작가, 뮤지션이자 작가 요조, 파타고니아 김광현 환경팀장, 황윤 다큐멘터리 감독 등 자연·생태·생명에 깊은 지식과 경험을 가진 분들이 댄비학교에서 흔쾌히 강연을 해주셨고, 꿀친들은 댄비학교를 통해 배우고 생각을 나누면서 성장이 심화되었죠. 주제는 자연, 생태, 생명을 기반으로 우리가 매일 먹는 음식의 문제, 환경 호르몬의 문제, 전기차 분야 등으로 다양하게 진화하기 시작했어요.

주제를 정해 각자 마음속에 품고 있는 문장을 낭송하는 시간이에요. '이 시간이 학기 프로그램 중 제일 좋다'라고 말하는 분들이 많이 있을 정도로 댄비학교의 스테디 코너가 되었어요. 각자의 문장을 낭송하면서 그 문장을 고른 이유를 이야기하다 보면, 꿀친들의 생각과 마음속 이야기를 들을 수 있거든요. 좋은 문장이 주는 감동은 기본이고, 그 문장을 고른 이유를 들으며 공감대가 더 깊어지는 거죠.

좋은 문장 낭송회가 시작되면 소박한 음식을 먹은 후 양초에 불을 붙이고 풀벌레 소리를 들으며 마치 자연 속에 앉아 있는 것 같은 공감의 시간을 만들어요. 그리고 낭송할 문장을 빔 프로젝터 스크린에 띄우고 하나둘 낭송을 시작하

낙원을 찾기 위해 / 조지 윌리엄 러셀

낙원을 찾기 위해

나 아득히 먼 땅까지 갔었네

허나 이젠 가까이서 만족을

받치에서 경이를 찾아냈네

전에 꿈꾸던 천국은

이제 보니 땅에 있었네

땅속으로 숨은 햇빛이

대낮의 별보다 더 밝았네

땅에 둔 내 마음은 밝아

나 옛사랑처럼 다니네

은빛 안개를 옷 삼아 입고

타오르는 금덩이처럼 밝네

죠. 그러다 보면 복잡했던 마음이 맑게 정화되고 공감과 감동이 스며 나와요. 낭송을 들으며 눈물을 흘리는 사람들도 있어요. 굉장한 힐링 시간인 거죠. 이 시간을 경험할 때마다 참 신비로워요.

강연 시간에는 전문가들의 순도 깊은 이야기를 들을 수 있어서 좋고, 문장 낭송회에서는 꿀친들이 공감과 교감을 나누며 꿀벌처럼 초개체로 하나가 된다는 생각이 들어 꿀친들의 이 능동적인 시간이 또한 굉장히 뜻깊어요.

댄스위드비와 댄비학교의 브랜드적 차이점이 있을 것 같아요.

댄스위드비는 벌을 살피며 우리 삶의 환경을 돌아보는 브랜드예요. 댄스위드비가 브랜드의 기본구조이자 지붕이라고 한다면, 댄비학교는 꿀친들과 함께 모여서 좀 더 실험적인 프로젝트를 시도하고 경험하는 커뮤니티 공간이라고 볼 수 있어요.

댄비학교는 일반 환경단체로 간주되진 않는 것 같아요. 댄비학교의 브랜드적인 강점은 무엇인가요?

댄스위드비가 사업적으로는 점점 실패할 확률이 높아지고 있다고 생각해요. 그래도 이 일은 굉장히 의미가 있어요. 누구도 가보지 않은 길을 계속 모험적으로 탐색해서 가고 있으니까요. 환경이 너무 많이 파괴된 지금의 세상에서 앞으로 우리가 어떻게 살아가야 할지 복잡하고 어려운 문제들이 너무 많잖아요. 하지만 결국 뜻을 가진 사람들이 연결되고 또 연결되며 어떤 꽉 막힌 큰 문제들에 작은 구멍을 낼 수 있을 거라 생각해요.

댄스위드비와 댄비학교의 브랜드적 강점은 우리가 다오(DAO : Decentralized Autonomous Organization)라는 개념으로 여러 실험을 하고 있다는 점이에요. DAO는 운영진의 수직적인 조직관리가 필요 없는 탈중앙화 자율조직을 뜻해요. 일종의 협동조합 형태라고 보면 돼요. 별도의 중앙화된 관리주체의 위계나 서열 없이(탈중앙화) 스마트 컨트랙트를 통해 투명하게 정해진 룰에 따라 구성원 모두가 자율적으로 공동의 의사결정에 참여해(자율) 목표 달성을 추구하는 거죠. 2016년, 이더리움의 창시자 비탈릭 부테린이 블록체인의 탈중앙화 정신과 상통하는 조직으로 DAO를 출범시켰는데, DAO는 이더리움 프로젝트를 지원하기 위한 일종의 벤처이기도 해요. 저희는 이 DAO의 개념을 적극 활용해 댄비학교의 진화된 버전인 꿀친학교를 만들어 실험 운영하고 있는 거예요.

댄비학교에서는 댄스위드비의 방향성을 이해하는 자연·생태·생명·교육 등 다양한 분야의 전문가들이 일반적인 강의 방식처럼 탑다운으로 강의를 해왔다면, 꿀친학교는 DAO 개념이 좀 더 깊이 침투된 형태의 학교로서 꿀친들이 직접 자기가 잘할 수 있는 분야의 소학교를 오픈해서 운영하는 거예요. 댄비학교가 강연을 오픈하면 사람들이 강연료를 댄비학교에 지불하는데, 꿀친들이 다양한 꿀친학교를 열면 꿀친들이 관심 있는 꿀친학교에 가입하면서 그곳에 수업료를 내는 방식이에요. 그러니까 댄비학교가 세팅한 강연도 강연대로 진행되지만, 또 한편에서는 꿀친들이 스스로 소학교를 운영하는 거죠.

꿀친학교의 운영방식은 DAO, 즉 탈중앙화 자율조직에 근거해 운영되고, 꿀친들의 생계에도 도움을 주는 방식이에요. 꿀친학교를 꾸린 꿀친이 수익의 70%를 가져가고, 30%는 댄스위드비의 운영에 보태는 방식으로 운영을 하고 있어요. 꿀친학교가 운영되다 보면 문제도 생기고 실수도 따르겠지만, 다소 낯설고도 새로우며 인터렉티브한 꿀친학교에 거는 기대가 커요.

앞으로 어떤 부분을 가장 크게 변화시키고 싶은가요.

댄스위드비에서 제가 관심을 가지고 진행하려는 부분은 블록체인 분야예요. 현재 블록체인 산업에는 과거 석탄산업, 제조산업, 인터넷산업들이 그랬듯이 자본이 유입되고 있죠. 물론 블록체인 비즈니스가 아직은 실험 단계여서 부작용도 있지만, 댄스위드비에서는 이 블록체인을 투명하면서도 선진적으로 응용해 이윤을 창출할 수 있는 구조를 만들어 나가려고 해요. 앞으로도 꿀친학교를 잘 운영하며 DAO 개념 하에 NFT를 발행하며 블록체인 사업의 기틀을 마련하는 게 가장 큰 변화의 축이 되지 않을까 싶어요.

댄스위드비의 궁극적인 지향점은 무엇인가요?

저는 댄스위드비가 새로운 조직구조가 되었으면 좋겠어요. 기존의 회사구조가 어떤 물건을 판매하거나 용역으로 일하는 구조였다면, 새로운 조직의 형태는 5명이건 10명이건 상관없이 작은 그룹들이 만들어져 그 안에서 누군가는 돈을 벌고 누군가는 돈을 내는 형태가 될 거예요. 댄스위드비의 꿀친학교 안에서 장르에 따라 꿀친들이 수업료를 내기도 하고 받기도 하는, 그런 구조를 가진 작은 조직들을 여럿 만들어 낼 거라는 이야기예요.

앞으로는 점점 더 재택근무 등 유연근무제가 확산되

리라 판단하는데, 본업이 있다면 그 일을 하면서 남는 시간에 꿀친학교를 통해 수업을 진행하는 거예요. 가령 블록체인을 잘 알고 있는 사람은 수업을 개설해 사람들을 가르칠 수도 있고, 블록체인을 알고 싶은 사람은 블록체인 수업에 참가하는 거죠. 또 블록체인 수업을 들었던 사람이 다른 재능이 있다면 그 분야로 수업을 개설하는 구조인 거죠. 이 과정에서 서로에게 돈이 오고 가겠죠. 그게 어떤 장르건 공통의 가치를 지향하는 사람들이 서로 가르치고 배우고 성장하며 생계에 도움을 주는 구조인 거예요. 그런 구조를 만들어 나가고 싶어요. 그 구조를 통해 꿀친들이 생계비의 20~30% 정도를 해결하는 것이 댄스위드비의 목표입니다.

댄스위드비의 공식 사이트나 SNS에 노출되는 무구한 그림들이 참 좋더라고요. 윤 대표님이 직접 작업하신 건가요?

네, 제가 직접 그린 그림이에요. 댄스위드비가 벌과 사람이 어우러져 만들어 가는 프로젝트이다 보니 주로 벌과 꽃, 사람들을 그리고 있죠. 꿀친들의 특징을 하나하나 살려 그림을 그린 후 NFT도 발행했고, 엽서도 만들어서 나누기도 했어요. 환경과 관련된 문장이나 정보를 제 그림에 곁들여 뉴스레터를 발행하려는 계획도 가지고 있어요. 제일 하고 싶은 건 제 그림으로 동화책을 만드는 거예요. 저는 우리가 사는 환경이 개선되려면 교육이 바뀌어야 한다고 생각하는데, 아이들이 가장 먼저 만날 수 있는 세상이자 교육이 동화책이라고 생각해 자연과 벌의 이야기가 담긴 동화책 제작을 계획하고 있어요.

소셜 캠페인

Social Campaign

SNS가 활발해지면서 소셜 네트워크나 소셜 미디어와 같은 말은 익숙해졌지만 '소셜 캠페인'이라는 단어는 아직 좀 생소할 거야. 소셜 캠페인이란 사회적 문제를 해결하고 좋은 변화를 만들어 내기 위한 대중참여형 활동이라고 보면 돼. 소셜 캠페인은 환경·인권·교육 등 다양한 분야에서 일어나고 있는데, SNS의 확산으로 그 영향력도 커지는 중이지. 많은 사람들이 사회·환경 등의 문제가 인류의 생존에 직접적인 영향을 준다는 사실을 알게 되면서, 전 세계적으로 소셜 캠페인에 대한 관심이 높아지고 있어. 참여자의 수도 계속 늘어나고 있고 말이야. 대중의 활동이 사회의 변화를 만들어 낸다니! 소셜 캠페인이 무엇인지 더욱 궁금해지지 않아? 함께 알아보자!

01 소셜 캠페인(Social Campaign)은 사회적 문제의 해결과 긍정적인 사회 변화를 위해 진행되는 대중참여형 활동을 의미한다. 사회적 문제에 대한 인식을 높이고 변화를 끌어내기 위해 소셜 미디어 플랫폼을 활용하며, 이를 통해 정보를 공유하고 구성원 간의 연대와 협력을 촉진시킨다. '소셜 캠페인'이라는 개념은 비교적 최근에 생긴 것으로, 인터넷의 보급과 함께 소셜 미디어 플랫폼(페이스북, 인스타그램 등)이 등장하면서 기틀이 마련되었다. IT 기술을 통해 한 사람의 작은 목소리도 전 세계에 전달되는 것이 가능해지면서 대중들의 사회참여 욕구가 증가하고, 사회문제·환경문제 등과 관련된 인식이 증대되면서 소셜 캠페인은 계속해서 발전하고 참여자 수 또한 꾸준히 증가하고 있다.

02 소셜 캠페인의 목표는 대중의 참여와 공동체 의식을 통해 사회문제에 대한 인식을 높이고 행동을 유도하는 것에 있다. 강제로 행동하게 만드는 것이 아니라 사람들에게 공동체의 이익과 가치를 위해 문제를 해결하고자 하는 마음을 불러일으키는 것으로 사회 변화의 동력을 이끌어 낸다. 캠페인은 단계별 계획과 실행을 거치며, 각 단계가 서로 연결되어 전체 캠페인의 성장과 확장을 돕는다.

03 소셜 캠페인은 역사적으로 다양한 이슈에 대한 인식을 높이고 사회적 변화를 일으키는 힘을 발휘해 왔다. 그 예로 마틴 루터 킹의 인권운동 캠페인을 들 수 있다. 1963년 8월 23일 마틴 루터 킹은 워싱턴 시가행진 중 링컨 메모리얼 파크에 몰려든 군중 앞에서 '나에게는 꿈이 있습니다(I have a dream)'라는 연설을 했다. 이 연설은 미국 역사상 최대 규모의 비폭력 인권운동을 이끌었으며, 인종차별 철폐에 큰 영향을 준 소셜 캠페인의 사례라고 볼 수 있다.

04 최근에는 기후위기에 대한 인식이 고조되면서 환경문제와 관련된 운동이 급격히 확대되고 있는데, 그에 따라 전 세계적으로 소셜 캠페인이 활발하게 이루어지고 있다. 국제 환경보호단체인 그린피스에서 시행한 '포경 금지' '불법어로 금지'와 같은 해상보호 시위가 그중 하나로, 해상보호와 관련된 국제법과 규범을 만드는 데 크게 이바지한 소셜 캠페인이다. 또한 세계 최대 구호개발 NGO인 유니세프의 '어린이를 위한 지구촌 운동'과 '아동보호서약 운동'은 전 세계 인구 중 1억 명 이상의 동참을 이룩한 소셜 캠페인의 좋은 사례이다.

05 소셜 캠페인은 지속가능하고 풍요로운 사회를 형성하는데 기여한다. 빈곤이나 인권문제, 환경문제 등과 같은 다양한 사회적 이슈에 대한 대중의 관심과 참여를 유도하여 문제해결을 돕는다. 최근에 특히 문제가 되고 있는 기후변화, 환경파괴, 감염병 등의 글로벌 이슈는 국경을 넘어 다양한 국가와 인류에게 영향을 미치는데, 이러한 문제 인식과 대응이 필요한 상황에서 소셜 캠페인은 국제적 협력과 인류 공동체의 인식을 증진시키는 역할을 한다.

06 소셜 캠페인은 시간이 지나면서 더욱 현대적인 형태로 발전했는데, 그 배경에는 소셜 미디어 플랫폼의 발달이 있다. 소셜 미디어 플랫폼은 몇 가지 기능과 특성을 통해 소셜 캠페인의 발전에 영향을 미쳤다. 소셜 미디어 플랫폼은 '접근의 용이함'이라는 특성으로 대중이 쉽게 참여할 수 있는 온라인상의 공간을 제공하여 소셜 캠페인이 더 멀리 더 빠르게 전파될 수 있게 만들었다. 또한 다양한 정보 공유와 활발한 토론과도 같은 소통을 촉진시켜 대중참여도를 높였다.

소셜 캠페인

07 최근에는 소셜 캠페인을 위한 전용 플랫폼인 '소셜 액션 플랫폼'이 탄생했다. 소셜 액션 플랫폼은 소셜 미디어 플랫폼과 유사한 개념이지만, 주로 사회적·환경적 이슈에 대한 인식을 높이고 그에 대한 긍정적인 변화를 만들기 위해 설계된 플랫폼을 말한다. 소셜 액션 플랫폼은 개인이나 단체가 해당 이슈에 대한 정보를 공유하고 함께 논의할 수 있는 공간을 온라인으로 제공하여 사용자들이 실제로 행동할 수 있도록 돕고, 기부와 자원봉사와 같은 활동의 참여를 독려하는 기능을 수행한다. 이러한 소셜 액션 플랫폼은 대부분 온라인을 기반으로 운영되며, 기본적으로 소셜 미디어의 기능을 포함한다. 그러나 주요 목적은 단순한 소셜 네트워킹이 아니라 사회적 변화를 위한 행동의 촉진이다.

08 소셜 액션 플랫폼의 예로는 다양한 사회적 문제에 대한 청원 및 서명을 온라인으로 모으는 'Change.org'와 2007년에 설립되어 기후변화·인권·동물권·빈곤 등과 관련된 이슈에 대한 활동을 촉구하는 글로벌 시민단체 '아바즈(Avaaz)' 등이 있다. 우리나라의 대표적인 소셜 액션 플랫폼으로는 '베이크(Vake)'가 있다. 베이크는 사회문제 해결을 위한 커뮤니티를 조직하거나 이를 위한 기부와 모금 등의 활동도 함께할 수 있는 블록체인 기반의 소셜 액션 플랫폼으로, 세계적 구호단체인 월드비전의 사내 벤처에서 시작된 곳이다.

세상의 변화를 이끄는 소셜 액션 플랫폼

베이크
VAKE

'기후위기' '환경보호' '소셜' '액션' '연대' 등 모두가 알고 있었지만 크게 괘념치 않았던 이 단어들이 우리 사회에서 수면 위로 떠오른 것은 비교적 최근의 일이다. 해당 분야에 관심 있는 사람들이 많아지면서 관련된 커뮤니티와 스타트업도 여기저기에서 생겨났다. 그 가운데에 선명한 행보를 보이고 있는 베이크(VAKE)가 눈에 띈다.

베이크는 우리 주변의 사회문제에 관심을 가지고 변화를 직접 만들어 가고 싶은 사람들을 연결하는 소셜 액션 네트워크다. 베이크는 커뮤니티인 듯하면서도 기업의 모습을 하고 있고, 선한 영향력을 전파하는 행동을 하면서도 블록체인이라는 최신 기술을 탑재한 곳이다. 베일에 싸인 이곳을 한마디로 무엇이라고 정의할 수 있을까? 보면 볼수록 궁금해지는 베이크! 베이크의 수장 이은희 대표를 만나 베이크의 특별한 정체성에 대해 여러 질문을 던져 보았다.

**이은희
대표**

'베이크'는 어떤 브랜드인지 소개 부탁드릴게요.

베이크는 누구나 주인공이 되어 세상을 변화시키는 다양한 액션들을 만들고, 뜻이 맞는 사람들과 활동할 수 있도록 돕는 플랫폼이에요. 문제를 해결하고 싶은 사람들의 커뮤니티이자 이들이 필요로 하는 다양한 것들을 서포트하는 곳이라고도 할 수 있겠네요.

'소셜 액션 플랫폼'이라는 단어가 대중들에게는 생소하게 느껴질 것 같아요. 구체적으로 어떤 일이 벌어지는 곳인가요?

소셜 생태계의 유튜브 같은 플랫폼이라고 이해하시면 될 것 같아요. 유튜브가 등장하기 전까지만 해도 개인이 영상을 만들고 누군가가 소비한다는 게 상상이 안 됐잖아요. 지금은 너무 익숙하지만요. 비영리 분야에서도 개인과 커뮤니티가 활동의 주체가 되어 사회·환경 문제 해결에 적극적으로 기여하는 장이 열릴 거라고 생각해요. 모금은 물론 재능기부, 자원봉사, 환경보호활동 등 일상의 사소한 일부터 큰일까지 얼마든지 펼칠 수 있는 장이라고 생각하면 됩니다.

베이크에서는 많은 사람들이 각자 선택지를 가지고 성장의 단계를 경험하기를 바라고 있어요. 그래서 참여하는 모든 사람이 함께 일을 만들어 가는 지지자이자 변화의 주체가 되는 것이 일반 플랫폼과 가장 큰 차이점이에요.

베이크라는 이름의 의미가 궁금해요. 빵을 굽는 'BAKE'인 줄 알았는데, 자세히 보니 'VAKE'더라고요.

베이크(VAKE)는 Value Make의 합성어로, '가치를 만든다'는 뜻인데요. 한글로는 Bake와 똑같이 '베이크'라고 발음되는 부분에서 착안해 '빵을 굽듯 함께 가치를 굽는다'는 표현으로도 사용하고 있어요. 앞으로 급변하는 변화 속에서 비영리기관이 살아남으려면 기부를 넘어서 개인이 사회문제 해결 활동의 주체가 되어야 한다고 생각했어요. 그리고 그런 개인을 도울 수 있는 네트워크의 성장을 위해 만든 것이 현재의 베이크인 거죠.

처음에 어떤 계기로 베이크를 만들게 되었나요?

월드비전에서 일하면서 마케팅 담당 직원들의 역량

강화를 담당하는 일을 맡게 되었어요. 직원들에게 어떻게 좋은 교육을 제공할 수 있을까, 교육으로 직원들을 어떻게 변화시킬 수 있을까를 생각하며 조사도 많이 했어요. 그런데 조사하다 보니 세상이 너무 빠르게 변하고 있더라고요. 비영리기관은 완전히 도태되어 없어질 것 같은 위기감마저 들 정도였어요.

하지만 비영리기관이 가지고 있는 미션과 활동은 앞으로도 분명 세상에 필요한 부분이라고 생각하거든요. 그래서 10년, 20년 후에도 사회문제 해결을 위해 힘쓰는, 진정성을 가진 비영리기관들이 지속가능할 수 있는 방법을 찾고 싶었어요. 그때 마침 '오가닉 미디어랩(http://organicmedialab.com)'이라는 곳을 알게 되었고, 이곳과 문제정의를 통해 '후원자를 변화의 주체로 신뢰해야 한다'는 문제해결의 방향성을 찾으면서 초기 실험이 시작됐죠. 그리고 그 실험이 발전해 지금의 베이크까지 이르게 되었어요.

2023년에 모체인 월드비전으로부터 완전히 독립했는데, 베이크의 독립 이야기가 궁금해요.

만들어 놓은 길을 따라가는 건 새로운 길을 만드는 것보다 쉽잖아요. 저는 없던 길을 만들어 가야 하다 보니 베이크의 독립을 조직 내에 이해시키고 공감대를 이끌어 내는 게

커뮤니티,
그거 👀
어떻게
하는 건데

함께
변화를
만드는
사람들

Q&A

정말 어려웠어요. 특히 월드비전은 사내 벤처로 인큐베이팅한 첫 케이스를 독립시켜야 한다는 것도 아쉬웠을 거고, 동시에 함께 일하던 소중한 직원들을 보내야 하는 것도 쉽지 않았을 거예요. 조직의 입장에서는 잃어버리는 게 많다고 생각했겠죠. 오래 걸리긴 했지만 설득했어요.

넓은 세상으로 나가, 많은 개인과 조직들이 베이크를 사용해야만 베이크가 길게 살아남을 수 있다고 이야기했어요. 욕심을 가지고 베이크를 가두려고 하면 월드비전에도 남는 것이 없고, 더 나아가서 비영리 생태계에도 좋은 영향을 주기 힘들다는 점을 계속 설득하면서 저희의 계획을 말씀드렸어요. 결국 독립을 준비한 지 3년 만에 저를 포함해 3명이 창업 멤버로 나오게 되었죠.

재정적으로 든든하게 받쳐줄 수 있는 기업이 뒤에 있는 게 더 안정적일 것 같은데, 적극적으로 독립을 추진한 이유는 무엇인가요?

아이와 똑같아요. 인큐베이팅 단계에서 아이를 일찍 밖으로 내보내면 살아남기 힘드니까 인큐베이터에서 보호하는 거잖아요. 저희가 몇 년 동안 실험하고 무르익었던 시기가 월드비전 안에서의 인큐베이팅 단계였던 거예요. 어느 시점 이후부터는 월드비전뿐만 아니라 더 많은 개인, 단체,

기업 등 누구나 자유롭게 베이크를 사용할 수 있도록 해야 베이크 플랫폼의 미션을 이루고 지속가능할 수 있겠다고 판단했어요.

그리고 자율성과 독립성이 필요한 베이크와 같은 플랫폼을 제대로 운영하려면 블록체인과 같은 투명성을 높이는 기술이 필요한데, 저희는 기술이 없었기 때문에 오픈 이노베이션으로 진행했거든요. 기술 파트너와 함께 2~3년 동안 실험을 했어요. 월드비전 안에서 계속 있었다면 이런 식의 진행이 어려웠을 거예요.

베이크를 통해 일반 참여자들이 얻을 수 있는 장점은 무엇인가요?

베이크는 사회적 가치를 만들고 세상의 변화를 꿈꾸는 사람들의 놀이터와 같아요. 그래서 누구나 경계 없이 들어올 수 있고, 활동범위도 넓어요. UN이 정한 17가지 SDGs(지속가능한 발전목표 : Sustainable Development Goals), 예를 들어 빈곤, 건강, 연대, 인권, 동물권, 환경 등 어떤 주제도 베이크에서 다룰 수 있어요. 이처럼 관심 있는 주제에 대해 다양한 방식으로 참여하며 연결과 연대를 경험하는 커뮤니티로서 소셜 캠페인을 위한 다양한 도구들을 쉽고 편리하게 이용할 수 있다는 장점을 가지고 있어요.

베이크라는 브랜드의 특징은 무엇인가요?

베이크는 '모든 사람이 사회적 가치를 만들고 참여하는 경험을 통해 세상의 변화를 주도하게 한다'는 미션을 운영원칙과 의사결정의 중심에 두고 있어요. 동시에 이 미션을 달성하기 위해서는 기술이 반드시 필요하다는 인식이 있었고요. 세상을 변화시키는 다양한 활동에 기술이 접목되면 다룰 수 있는 사회문제도 확장되고 연결과 협력을 입체적으로 만들어 낼 수 있겠다고 생각했죠. 그래서 초반부터 지금까지 기술 파트너들과 협력해 기술과 비영리를 연결하는 실험적인 프로젝트를 진행해 왔어요.

챌린지나 액션 같은 걸 보면 오운완(오늘 운동 완료) 챌린지나 하늘 보기 운동, 소비 단식과 같은 액션들도 보이는데, 이런 것들은 자기계발과 관련 있는 액션이라는 생각이 들거든요. 베이크에서 만들 수 있는 액션의 기준이 무엇인지 궁금해요.

큰 범위에서는 '나와 타인 그리고 사회에 도움이 되는 일'이 베이크에서 만들 수 있는 액션이라고 정의를 했어요. 그리고 조금 더 들어가면 액션을 만들 때 17가지 UN SDGs에서 하나 이상을 선택하게 되어 있어요.

베이크 사용자의 60~70%가 2030세대거든요. 그래서 인지 전체 소셜 액션 중 40% 정도가 환경 관련 액션이에요. 이 세대는 본인의 삶과 직결된 문제가 기후위기라는 것을 잘 알고 있기도 하고, 세대 특성상 관찰자로 있기보다는 문제를 직접 해결하기 위해 한 걸음 내딛는 사람들이 많아요.

다양한 환경 액션 중 마음에 남는 기념비적인 액션이 있다면 소개해 주세요.

'지구를 지키는 오늘의 실천'이라는 액션이 있어요. 10주간 지구를 위한 습관을 같이 만든다는 내용인데, 환경의 날에 맞춰서 '지구 덕후'라는 액션을 베이크에 열면서 시작됐어요. '지구 덕후' 액션을 통해 본인이 직접 뭔가 해보고 싶은 분들의 신청을 받았는데, 그중에서 비슷한 컨셉을 가진 세 분이 의기투합해서 하나의 액션을 만들었어요.

10주간 매주 해야 할 챌린지가 올라왔는데 많은 사람들이 모이면서 챌린지 인증도 하고 정보도 나누기 시작했어요. 더 의미 있었던 건 이 액션에 참여했던 사람들이 액션이 종료된 후 베이크에 새로운 액션을 만드는 사람들이 된 거예요. 종이를 덜 쓰는 '숲어맨' 액션을 만들기도 하고, 헌 옷을 활용해 천연 염색을 하는 액션을 만들기도 했어요. 참여했던 분들이 더욱 성장할 수 있는 계기를 만들어 준 액션이라고 할 수 있죠.

환경 액션의 비중이 꽤 크다면 소셜 환경 액션 플랫폼 이라고 부를 수도 있지 않을까요?

플랫폼의 장점은 다양성을 포용할 수 있는데 있다고 생각해요. 어떠한 주제나 이슈로도 목소리를 낼 수 있는 장인 거죠. 모금이 잘되거나 많은 사람들이 주목할 만한 캠페인이 아니더라도 베이크에서는 다양한 주제의 액션을 담아낼 수 있는 것이 큰 장점이라고 볼 수 있어요. 그래서 환경에만 국한하지 않고 다양성을 지향하는 게 낫다고 생각해요. 이미 베이크에는 길냥이를 돌보는 '길순이의 하루', 사회 이슈를 반영하는 영화를 관람하고 이야기를 나누는 '관객 127' 액션처럼 환경 외 주제를 다루는 액션들도 많아지고 활발한 활동을 하고 있어요.

지속가능한 활동을 위해서는 수익창출도 중요하잖아요. 운영을 위한 수익창출은 어떻게 하나요?

베이크에서는 누구나 비용 없이 기본 기능을 사용해 캠페인을 만들고 활동할 수 있어요. 규모가 큰 캠페인을 전문적으로 운영하고자 하는 활동가나 기관, 기업에는 프리미엄 모델을 제안하고 있습니다. 브랜드 특성을 반영해 캠페인 페이지를 커스터마이징할 수도 있고요. 개발자 없이도 홈페이지를 만드는 것 같달까요. 이런 B2B 형태의 구독형

가치가
꿈이 되어버린
사람들

SaaS(사스)와 소셜 캠페인에 특화된 서비스 솔루션 제공이
수익의 중심축에 있어요. 그 외에 저희가 가지고 있는 비영
리 분야와 소셜 캠페인에 대한 전문성을 살려서 소셜 캠페인
의 기획과 운영을 서포트하고 컨설팅하는 일도 저희의 특화
된 수익모델이죠.

**베이크에는 오프라인 모임이 많은 거 같아요. 온라인
액션 진행과 별개로 오프라인 모임을 따로 기획하는
이유가 있나요.**

베이크를 만들기 전부터 온라인만으로는 한계가 있고
오프라인 접점이 있어야 스파크가 일어난다는 걸 알고 있었
어요. 많은 커뮤니티를 지켜본 결과 이건 꼭 베이크만 그런
건 아니더라고요. 베이크 안에서도 각자 다양한 활동을 하
고 있지만 함께 모이는 장을 통해 연결 지점을 단단하게 만
들고자 했죠. 혼자 하던 걸 다른 팀과 함께할 수도 있고, 할까
말까 망설이던 액션을 마음이 맞는 사람을 만나 용기를 얻고
시작할 수도 있잖아요. 그런 것들이 오프라인 모임을 기획하
는 가장 큰 이유라고 볼 수 있어요. 또 활동을 하다 보면 힘든
상황에 봉착할 때도 있잖아요. 그럴 때 오프라인 모임에서
비슷한 생각이나 지향점을 가진 사람을 만나 용기를 얻고 자
극도 받을 수 있어서 오프라인 모임은 여러모로 유의미해요.

오프라인 모임은 베이크에서 일어나는 활동을 보면서 그때그때 다르게 기획해요. 한동안은 환경 쪽이 활발했고, 근래엔 환경 외에도 다양한 오프라인 모임이 이루어지고 있어요. 베이크가 가지고 있는 액션 기획이나 소스를 사람들의 관심사와 잘 매칭해서 오프라인 모임을 기획하는 게 관건이에요. 분기에 한 번 정도는 오프라인에서 만나는 자리를 만들려고 해요. 확실히 직접 만나서 이야기를 나누면 굉장히 뜨거워지거든요. 요즘은 베이크의 기획 없이 참여자들의 자발적인 모임과 번개가 자주 일어나고 있어요. 저희가 지향했던 방향이라 이런 변화에 저희도 힘을 얻고 있어요.

베이크는 발 빠르게 웹 3.0과 블록체인 기반의 시스템을 도입하고, NFT로 활동인증서를 지급하고 있어요. 이런 고유한 유형은 어떻게 만들어진 것인가요?

베이크의 철학이 블록체인의 철학과 맞물려 있었어요. 개인들을 변화의 주체로 인정하고 경계 없이 다양한 역할을 할 수 있도록 만드는 걸 블록체인과 웹 3.0에서는 DAO(다오 : Decentralized Autonomous Organization)라고 하거든요.

월드비전 출신의 동료 중에 한국 블록체인의 대모 같은 분이 있었어요. 이분이 아프리카에 갔다가 현지에서 돈

거래가 굉장히 어렵다는 것을 알고 블록체인에 눈을 떠서 월드비전을 퇴사하고 해외에서 창업도 했었거든요. 그런데 저희가 계속해서 실험하고 플랫폼으로 발전시키면서 기술 파트너를 찾고 있을 때, 저희 이야기를 듣더니 굉장히 놀라워하면서 무조건 도와주겠다고 하더라고요. 그리고 베이크의 방향성을 잘 이해할 수 있는 유능한 기술 파트너를 적극적으로 연결해 줬어요. 기술 파트너도 이야기를 듣자마자 놀라워하면서 처음 만난 자리에서 함께하기로 결정했어요. 베이크가 비영리시장의 새로운 패러다임이 될 수 있겠다고 생각했나 봐요.

비영리 생태계에 대한 이해가 있었던 저희가 기술 파트너를 만나면서 웹 3.0이나 블록체인, NFT 같은 기술들을 알게 됐죠. 기술과 비영리 생태계의 경계를 넘나드는 협업의 결과로 지금의 베이크를 만들 수 있었다고 생각해요

블록체인 기반의 운영체계에서 가장 큰 메리트는 기부금의 투명한 활용일 것 같아요. NGO 단체에 대해 사람들이 불신하는 이유 중 일부는 기부금의 모금 과정이나 사용처가 불명확하다는 점이라고 생각하거든요.
장기적으로는 비영리 분야가 바뀔 거라고 생각해요. 실제 정부 사업을 받아 세 건의 실증사업을 진행해 봤는데,

기부금의 모금 과정이나 사용처가 투명하게 추적되려면 기술적인 문제보다는 비영리 분야의 법과 제도, 프로세스 전반의 개선이 함께 따라와야 가능하겠다는 생각이 들었어요. 그래서 급하게 생각하지 않고 차근차근 참여자들의 의사결정 권한을 높이고 자금의 투명한 흐름을 기술로 돕는 일들을 발전시켜가고 싶어요.

세 번의 실증사업을 통해 구체적으로 어떤 것을 알게 되었는지 궁금해요.

실제 캠페인이 진행되는 과정에서 기부금이 대상자에게 간다는 것을 투명하게 보여줄 수 있으면 보고서나 행정비용을 얼마나 사용했는지는 후원자에게 생각보다 중요하지 않다는 걸 알게 됐어요. 그래서 베이크에서 구현한 부분은 사업이 진행되는 과정을 최대한 투명하게 공개하고, 그 안에서 일어나는 활동에 참여할 기회를 주면서 후원자들에게 커뮤니티의 일원이 되는 경험을 주는 것이었어요. 내가 후원한 것에 대한 보고서를 받지 않아도 커뮤니티 안에 들어오면 생생한 상황을 볼 수 있는 거죠. 권한을 부여하고 선택하게 하면 관여도가 정말 달라지거든요.

예를 들어 가정 밖 청소년들에게 생리대를 기부하는 월간언니 캠페인이 있었어요. 1만 원 이상을 후원한 참여자

에게 '월간언니'라는 역할이 자동 부여되고, 중요한 의사결
정에 참여할 수 있는 '언니(UNNI)' 블록체인 토큰을 주었어
요. 이 투표권으로 월간언니의 캠페인 예산 계획이나 지출을
승인하고, 아이들에게 갈 생리대 키트를 구성하는 투표에 참
여할 수 있는 거죠. 캠페인을 마치고 인터뷰해 보니 도움이
필요한 대상자가 뚜렷이 존재한다는 걸 믿게 되었대요. 사업
과정에서 의사결정에도 참여하게 되니 관심이 더 생기고 어
떤 일이 일어나는지 지켜보게 되더라는 거죠. 그러니까 단순
히 기금의 투명한 운영만이 아니라 참여자로서 과정에 목소
리를 더할 수 있도록 해주는 것이 사업에 애정을 깊게 가지
게 만든다는 것을 알게 된 거예요.

**가끔 '좋은 액션인데 사람이 참 안 모인다'는 생각이 들
때가 있잖아요. 그러다가 결국 지속하지 못하고 사라
지는 경우도 많고요. 이런 점들을 보완하기 위한 베이
크만의 장치가 있나요?**

베이크는 액션을 여는 분들과 온보딩 과정을 필수로
거쳐요. 액션을 만들 때 도움이 될 만한 것들을 알려주기도
하고, 시행착오를 거쳤던 것을 공유하기도 해요. 앞서 이야
기했던 오프라인 모임도 하나의 장치라고 볼 수 있어요. 모
임을 통해 다른 분들과 교류하면서 인사이트를 얻을 수 있으

니까요.

베이크 운영이든 뭐든 나에게 도움이 안 되면 잘 안하게 되는 게 인간이 가진 본성이고 너무 자연스러운 부분이라는 것을 알게 됐어요. 그래서 활동을 지속하게 만드는 장치들에 대해 계속 고민을 하고 있어요. 참여자들의 다양한 활동을 독려하는 리워드인 '별사탕'도 그런 장치 중 하나예요. 또 베이크 혼자 하는 게 아니라 좋은 기업이나 좋은 액션 메이커, 좋은 활동에 의지가 있는 분들과 콜라보 액션을 열어 진입장벽을 낮추고 있어요. 이게 해결된다면 베이크의 액션이 폭발하지 않을까요?

베이크의 향후 목표와 방향성에 대해 이야기해 주세요.
우선 2026년까지의 목표는 '소셜 액션 1,000개 만들기'예요. 이를 위해 진정성 있게 액션을 함께 만들어 나갈 사람들을 계속 찾고 있어요. 그런 분들이 개인만 있는 게 아니라 기관이나 기업도 있거든요. 처음에는 보잘것없어 보여도 한 개의 액션이 잘 만들어지면 거기에서 성장한 사람들이 힘을 얻고 다음 액션을 만드는 순환구조가 충분히 나올 거라 생각해요.

그리고 또 하나는 베이크에서 활동하는 분들에게 힘이 되는 커뮤니티가 되고 싶어요. 베이크를 만들 때 보니 우리나라에는 영리와 비영리 형태의 법인밖에 없다는 것이 굉장히 안타까웠어요. 영국이나 미국을 보면 커뮤니티로 수익이 창출되고, 그 수익의 상당 부분이 다시 커뮤니티를 지원하는 형태의 법인들이 있거든요. 저희는 시작할 때부터 기관이나 다른 곳에서 지원받기 힘든 사각지대의 활동가 분들에게 베이크 매출의 일정 부분을 지원하고 싶었어요. 그리고 새롭고 혁신적인 기부모델도 실험해 보고 싶었고요.

그래서 베이크에서는 새로운 메커니즘의 기부모델을 파일럿하고 있어요. 그게 2023년 10월에 런칭한 '기빙써클(Giving Circle)'이에요. 첫 시즌에서 15명의 개인 기부자를 모았어요. 이것을 시작으로 새로운 기부모델을 만들 수 있을지, 기금을 내는 사람과 활동가에게 새로운 경험과 가치를 줄 수 있을지 검증하려고 해요.

'기빙써클'은 어떤 방식으로 이루어지는지 궁금한데요.

시즌별로 기금 후원자를 통해 기금을 조성하고, 베이크를 통해 다양한 분야에서 사회적 가치를 만들어 내는 사람들을 지원해요.

일반적인 기부와 차별점이 있다면, 단순히 기부금을 나눠주는 것이 아니라 활동가 팀이 지지자를 모으는 거예요. '기금 서포터'라고 하는데, 쉽게 말하자면 우리 팀의 활동을 응원해 주는 지원군을 만든다고 생각하면 돼요. 소액이더라도 지지자를 더 많이 모은 팀에게 기금의 포션을 조금 더 높이는 방식으로 해서 사람을 모으는 일에도 활동가 팀들이 관심을 가질 수 있게 하고 있어요.

베이크를 통해 어떤 세상을 만들고 싶은가요?

저는 돌봄이 있는 세상을 꿈꿔요. 세상은 자꾸 나 하나만 생각하라고 하잖아요. 하지만 저는 그 흐름을 깨야 한다고 생각해요. 도움이 필요한 사람, 환경이나 동물, 식물 등 무언가를 돌보는 것에 관심을 두면 결국 그 돌봄이 나에게 가치와 만족감으로 돌아오는 걸 느끼게 되거든요. 그래서 저는 돌봄의 상호작용이 있는 세상을 꿈꾸고 있어요. 저 또한 누군가를 돌보고 돌봄을 받는 사람이고 싶고요.

친환경 농부시장

Eco-friendly Farmers Market

지구상에 사는 사람들은 하루에 적어도 두 끼 이상 무언가를 먹잖아. 그런데 내가 매일 먹는 음식이 어떤 농부가 땀 흘려 정성껏 기른 채소와 곡물인지 우리는 알 수 없어. 이때 만약 농민과 소비자가 서로 마주 보고 소통할 수 있는 그런 시장이 있다면 내 입으로 들어가는 음식 재료들이 어떤 과정을 거쳐 내게 닿는지 훨씬 리얼하게 알 수 있지 않을까?

도시 근교에서 지은 농산물을 도시의 소비자와 연결하는 시장을 '농부시장(Farmers Market)'이라고 해. 그중에는 제로웨이스트를 실천하는 '친환경 농부시장'도 있어. 특히 요즘 친환경 농부시장이 사람들에게 건강한 기쁨을 주는 핫플이 되어 가고 있다고 하는데, 여기서 자세히 알아볼까?

01 농부시장(Farmers Market)이란 농민이 재배·수확 또는 가공한 지역 농산물을 시민에게 직접 판매하는 시장이다. 지금의 시장경제 체제의 유통구조에서는 농민이 목소리를 내기도 힘들고, 소비자와 소통하기도 어렵다는 문제의식 아래, 농민과 시민이 직접 만날 수 있는 농부시장이 탄생했다. 먹거리 공급사슬이 농식품 관련 대기업의 독과점 하에 놓여 있는 현 상황에서 생산자와 소비자를 상호연결하는 농부시장은 대안적인 시장으로 기능한다. 그뿐만 아니라 식량 주권이나 과도한 음식물 쓰레기, 잘못된 식습관 등 현대 사회가 마주한 여러 식량문제에 있어서도 해결책으로 꼽히는 시장 형태다.

02 독일, 프랑스, 이탈리아 등 서유럽의 경우, 도시마다 지역의 재래시장을 기반으로 한 다양한 형태의 농부시장이 자리 잡고 있다. 미국 역시 2000년대 이후 미 농무부의 적극적인 장려정책에 힘입어 농민과 생산자가 특정한 장소에서 지역의 농수산물을 정기적으로 직접 판매하는 형태의 농부시장이 다수 존재한다. 일본은 '농협(JA) 파머스마켓 헌장'을 제정하는 등 농부시장의 유치에 적극 힘쓰고 있다. 안전한 먹거리 확보, 생산자와 소비자 간 소통의 필요성, 그리고 탄소발자국을 줄이려는 환경적인 목적 등으로 세계 각국에서 농부시장은 점점 늘어나고 있고 점차 발전하는 추세이다.

03 우리나라의 농부시장은 비교적 최근에 탄생했다. 1990년대에는 농협과 지자체 등의 주도로 비정기적 이벤트 형태로 직거래장터가 열렸다. 이후 2000년대 들어 로컬푸드 운동이 점차 퍼지면서 2012년 완주지역을 시작으로 농협 등이 주도하는 로컬푸드 직매장이 전국적으로 만들어졌다. 하지만 생산자와 소비자가 대면하지 않는 유통방식은 유럽과 미국 등 세계적인 농부시장 모델과는 차이가 있었다. 우리나라에 외국과 같은 유형의 농부시장이 등장한 것은 2012년부터이다. 2012년 '서울시 농부의 시장'과 2013년 '마르쉐@'이 등장하면서, 본격적인 농부시장의 형태가 갖춰졌다. 특히 민간 영역에서 독자적으로 시상을 구축해 온 마르쉐@은 시민들의 열띤 호응과 함께 친환경 농부시장을 사회·문화적으로 정착시키는 데 크게 기여했다.

04 현재 농부시장은 단순히 농산물을 직거래한다는 개념을 넘어 지속가능한 먹거리와 환경까지 고려하는 '친환경 농부시장'으로 진화하고 있다. 소비자는 농부시장에서 농부에게 직접 신선한 식재료를 구매하는 것만으로도 탄소발자국을 줄일 수 있다. 수입 농산물처럼 거리가 먼 지역의 농산물을 대형마트에서 구입할 경우, 유통과정에서 탄소마일리지를 대량으로 뿜어내기에 환경에 악영향을 미친다. 또한 물류센터에서 수많은 비닐과 플라스틱 포장재가 발생하기도 하고, 물류과정에서 다양한 자원이 낭비되기도 한다. 농부시장에서 직거래하는 것이 친환경적인 이유가 여기에 있다. 친환경 농부시장은 여기서 한 발자국 더 나아가 거래과정이나 거래물품 역시 친환경을 지향한다. 가령 장바구니와 다회용기를 적극 사용하고 일회용품을 지양하며, 친환경 농법으로 재배한 농산물을 취급하는 등 다양한 방식으로 친환경을 실천한다.

05 우리나라의 대표적인 친환경 농부시장으로는 '서울시 농부의 시장' '파주 햇빛장' '두물 : 뭍 자연으로부터 농부시장' '마르쉐@' 등이 있다. 모두 강력한 친환경 농부시장으로, 시장에 장을 보러 오는 사람들은 비닐봉지를 지양하고 장바구니를 흔쾌히 사용한다. 친환경 농부시장의 선두주자는 바로 마르쉐@이다. 마르쉐@은 시장 내부에 임시 설거지 공간을 마련하고 손님에게 다회용 그릇을 빌려준 뒤 회수한 그릇을 자원봉사자가 설거지하는 '빌려 쓰는 그릇' 제도를 도입했다. 또한 손님들에게서 집에 보관된 쇼핑백이나 종이봉투를 기증받는 식의 '다시 쓰는 종이봉투' 제도 역시 마르쉐@이 처음 시작한 대표적인 친환경 아이디어다. 이외에도 서울시 농부의 시장에서는 폐현수막을 재활용한 장바구니를 대여해 주는 등 다채로운 친환경 아이디어들이 이어지고 있다.

06 특별한 컨셉을 가지고 꾸려지는 친환경 농부시장도 인기다. 마르쉐@에서 진행하는 햇밀장, 바다장, 커피장 등이 대표적이다. 햇밀장은 막 수확한 다양한 품종의 토종밀과 밀로 만든 빵을 농부, 베이커, 소비자가 서로를 응원하며 거래하는 시장이다. 바다장은 신선하고 깨끗한 제철의 바다 먹거리를 선보이며 바다에서의 다채로운 삶을 이야기하는 시장이다. 커피장은 커피의 취향을 발견하며 지속가능한 커피 농업의 가치를 공유하는 시장이다. 이처럼 단순한 제로웨이스트 거래방식을 넘어, 주제별로 집중하며 친환경의 가치를 발굴하는 방향으로 친환경 농부시장은 진화하고 있다.

시민과 농부, 그리고 자연을 잇는 시장

마르쉐@
Marché@

우리는 우리가 먹는 밥상에 대해 잘 모른다. 누가 재배하고 어떻게 유통되어 밥상까지 전달되었는지, 음식에 담긴 저마다의 이야기를 도무지 알 수 없다. 대양을 넘어 탄소마일리지를 잔뜩 쓰고 유통되는 대량생산의 농산물이 우리 밥상을 점령했기 때문이다. 출처를 알 수 없는 원거리의 수입 농산물과 인스턴트 음식이 범람하는 식탁 위에서 우리가 알 수 있는 사실은 그저 음식의 가격뿐이다. 그렇게 돈과 음식의 일차원적인 교환으로 시장이 굴러가는 동안, 우리의 몸과 지구는 점점 병들어 가고 있다.

이처럼 끊임없이 굴러가는 식탁의 잔혹사에 희망찬 브레이크를 12년 동안 밟아온 시장이 있다. 2013년 10월에 시작한 마르쉐@은 '돈과 물건의 교환만 이루어지는 시장' 대신 '사람, 관계, 대화가 있는 시장'을 지향하는 친환경 농부시장이다. 마르쉐@에서 농부는 직접 재배한 싱싱하고 건강한 자연의 농산물을 손님에게 건넨다. 도시 사람들은 제철 채소와 함께 계절을 느끼며 자연의 순리와 철학을 자연스레 체감한다. 마르쉐@에서는 그릇을 빌려 쓰고 다회용기를 사용하는 등, 거래과정에서 쓰레기를 최소화하기 위해 서로가 함께 기꺼이 노력한다. 그렇게 마르쉐@에서 농부와 시민, 그리고 자연은 하나가 된다. 우리를 하나로 연결하는 시장, 자연과 닮은 시장, 마르쉐@이 펼쳐온 12년의 희망찬 여정을 함께 살펴보자.

이보은
기획자

'마르쉐@'은 어떤 브랜드인지 소개 부탁드릴게요.

누군가가 "이 시장이 어떤 시장이야?"라고 물어보면 설명을 해줘야 하잖아요. 그런데 건강한 시장이니 맛있는 시장이니 그 어떤 수식어도 완전하게 의미 전달이 안 된다 싶었어요. 나의 삶으로 지어낸 쌀과 채소와 음식을 나의 노동을 통해 생산한 재화와 교환하는 원시적인 의미에서의 시장의 의미를 이름에 담고 싶었어요. 그래서 프랑스어로 시장이라는 뜻의 '마르쉐'로 정하고, 여기에 '앳(@)'을 붙여 어디서든 열릴 수 있는 시장이라는 뜻을 더했죠.

마르쉐@의 설립과정이 궁금해요.

마르쉐@ 이전에는 주민생활협동조합과 여성환경연대 일을 하면서 나의 소비를 어떻게 지속가능하게 만들 수 있을지에 대해 고민했어요. 그러다 이 일을 업으로 삼아야겠다고 결심한 계기가 있었는데, 바로 2010년 여성환경연대에서 떠났던 일본 스터디 투어였어요. 당시 토종콩으로 음식을 만들어 내는 작은 동네 카페와 건물 옥상에서 기르는 도시 양봉 현장에도 가보면서 내 손과 발로 구체적으로 내 식탁과 도시의 일상을 변화시킬 수 있는 일들을 해보고 싶었어요.

한국으로 돌아와 여성환경연대, 마리끌레르의 도움을 받아 도심 속 옥상 텃밭을 함께 기획할 수 있었어요. 작은 텃밭 안에는 도시의 속도와는 구분되는 자연의 시간이 존재하더라고요. 그곳에서는 사람들이 더 느긋하고 더 좋은 삶을 선택할 수 있는 힘을 갖게 된다고 느꼈어요. 특히 텃밭에서 생산되는 먹거리들이 너무너무 맛있잖아요. (웃음) 자연스럽게 이 맛있는 음식을 좀 더 많은 사람과 나눠 먹고 싶은 바람이 생기더라고요. 이런 계기로 옥상 텃밭에서 키운 채소를 홍대 앞에 있는 유기농 지향의 카페에 공급하기로 했고, 이런 경험들이 마르쉐@으로 이어지게 됐죠.

2011년에 발생한 후쿠시마 대지진도 마르쉐@을 만드는 데 많은 영향을 줬어요. 거대한 참사가 개인의 일상으로 전이되는 과정을 동료의 증언을 통해 생생하게 전달받고 미디어를 통해 목격할 수 있었어요. 동시에 원자력과 석유화석 연료에 의존해 살아가는 가해자로서의 내 삶에 대해 생각하게 되었어요. 사실 내가 선택한 삶은 아니잖아요. 다들 그렇게 살아가니까 어느 순간 저도 그 편리와 풍요에 길들어졌죠. '우리 삶에서 다른 선택지는 없는 걸까?'라는 질문을 가지게 되었고, 다른 선택지가 있는 삶 혹은 다른 선택지를 만드는 삶을 살아 보고 싶었어요. 그게 저에게는 '먹거리 농부 시장'이었죠.

환경단체에서 일했던 만큼, 마르쉐@ 설립에 큰 영향을 미쳤던 경험이 있을 것 같아요.

4대강 사업으로 파괴된 환경을 조사하기 위해 낙동강에 방문한 적이 있었어요. 파헤친 강가를 보고 큰 무력감에 빠졌죠. 하루는 안개 낀 새벽 강가에 나갔는데, 모래사장에 멧돼지 발자국, 고라니 발자국, 너구리 발자국에 새 발자국까지, 여러 동물들의 발자국이 쫙 깔린 거예요. 그 순간 이 강이 인간만의 강이 아니라 수많은 생명체가 같이 깃들어 사는 강이었다는 사실을 새삼 깨달았어요. 이런 강을 우리 마음대로 파헤치고 헤집어도 된다고 생각했을까요? 생각해 보면 우리의 삶이 강과 강가의 동물들과 지구와 단절되어 있기 때문이었던 것 같아요. 내가 페트병에 담긴 생수를 사 마시며, 내가 강물을 마시며 살아가는 생물이라는 현실적인 자각을 잃어버린 거죠.

그때 제가 동료들과 함께 기획했던 캠페인이 바로 '위드 어 컵(With a cup)'이었어요. 우리 모두 페트병을 내려놓고 내 컵으로 먹자는 기획이었죠. 수돗물을 먹든, 보리차를 끓여 마시든, 정수기 물을 먹든, 내가 이 강물을 먹고 살아가는 존재라는 사실을 느끼기를 바랐어요. 생각보다 많은 사람들이 위드 어 컵 캠페인에 참여해 줬어요. 디자이너, 음악가, 학생 등 정말 다양한 사람들이 캠페인에 동참한 거예요. 이 경험을 계기로 환경운동이 꼭 환경운동가만의 일이 아니라 더 많은 사람들과 함께할 수 있는 일이라는 사실을 알게 됐어요. 전투적인 시위 현장이나 기자 회견장이 아닌, 그냥 일상의 공간에서 환경운동을 펼칠 수 있겠다고 깨달았죠. 이 경험이 저에게는 옥상 텃밭으로, 그리고 마르쉐@으로 확장된 것 같아요.

초기에는 '농부, 요리사, 수공예가가 함께 만드는 도시 시장'이었는데, 언제부턴가 '대화하는 농부시장'으로 정체성이 바뀌었어요.

2012년 봄, 시장을 만들어 보고 싶은 사람들이 한자리에 모였어요. 이미 농부이고 요리사인 분들도 있었지만 농부가 되고 싶은 사람들, 요리사가 되고 싶은 사람들, 또 수공예가가 되고 싶은 사람들이 더 많았죠. 자연스럽게 '농부, 요리사, 수공예가가 함께 만드는 도시시장'이라는 성격이 만들어졌어요.

이렇게 다양한 사람들이 모인 만큼, 각자가 지향하는 가치도 다 달랐어요. 어떤 사람은 탄소발자국을 남기지 않은 로컬 유기농 식품을 강조했고, 또 다른 이는 동네 시장에서 못 팔아서 버려질 위기에 처한 채소를 구조해서 뭔가 만들어보고 싶다고 했어요. 사실 무엇이 더 옳은지는 알 수 없더라고요. 모두 다 나름의 의미가 있었어요. 이 모든 것들을 서로 충분히 묻고 대답할 수 있는 '대화'가 유일한 공통분모였어요. 자연스럽게 '대화'는 새롭게 시작한 마르쉐@ 시장의 정체성이 되었죠.

그러다 2014년 8월, '농부시장'이라는 키워드로 우리의 정체성을 포괄했어요. 지난 2년간 시장에서 먹거리를 주고받으며 서로의 삶을 돌보는 과정에서, 우리가 서로 연결되어 있는 존재라는 느낌을 받았어요. 그리고 그 연결의 중심에는 농사라는 가치가 있음을 알게 되었죠. 그래서 우리 시장을 '농부시장'으로 정의하자고 합의했고, '우리 땅에서 나는 소산을 사고팔고 대화하는 농부시장'이 현재의 정체성이 되었어요.

마르쉐@에는 출점자(생산자)들과 시장기획자집단인 '마르쉐친구들'이 있더라고요. 그들은 어떤 사람들인가요?

예전에 대만의 농부시장 관계자를 만난 적이 있어요.

대만은 농부시장이 잘 자리 잡고 있었거든요. 그때 관계자 분이 "농부 스무 명이 있으면 한 명의 활동가를 고용할 수 있는데, 그 한 명이 있는 시장과 없는 시장은 다르다"라고 말씀하셨어요. 한 명의 활동가로 인해 시장이 더 지속가능해진다는 얘기였죠. 마르쉐친구들이 바로 그 역할을 담당하고 있어요. '마르쉐친구들'은 시장을 만들어 가는 사람으로서, 마르쉐@의 시장을 지금까지 지속가능하게 만든 집단이에요.

마르쉐@의 중심은 다양한 출점자들(생산자)인데요. '생산자와 소비자'라는 틀을 살짝 넘어서서 다른 대안적인 상상력을 담아보자는 취지에서 '출점자와 손님'이라는 호칭을 사용하고 있어요.

시장기획자들인 '마르쉐친구들' 외에도 다양한 분야의 수많은 사람들이 내가 하고 싶은 일과 내가 살고 싶은 삶의 교집합의 공간으로 마르쉐@에 함께하고 있어요. 이렇게 만들어진 시장은 하나의 커먼즈(commons)로 우리의 좋은 일상이 좀 더 나은 미래로 나아가는 터전이 되고 있어요.

'함께 만드는 사람들'에는 '노네임노샵'이나 '문화로놀이짱' '키친스카우트' 등 마르쉐@의 초기 공간 디자인을 책임진 작업자그룹도 있고, 고상석 포토그래퍼처럼 12년 동안 시장을 기록해 온 사람도 있어요. '르프렌치코드'와 같은 인디레이블은 7년 가까이 마르쉐@의 모든 음악 프로그램을 도맡으며 함께하고 있어요. 이처럼 많은 사람들이 함께 연결될 수 있기에 시장이 지속가능하다고 이야기하고 싶어요. 시장에서 농부에게 요리사 친구, 사진가 친구, 도예가, 목수, 바느질하는 친구가 생기고 서로 연결되며 많은 것들을 변화시켜 가요. 이렇게 사람들이 뒤섞이면서 농부가 요리사가 되기도 하고, 요리사가 작가가 되기도 하고요. 손님이 마르쉐의 출점자가 되는 경우도 많아요.

마르쉐@은 따로 로고나 심볼이 없네요. 웹 포스터를 봐도 흰 종이에 검은 글씨로 굉장히 단순해요.

마르쉐@이 어떤 시장이 되었으면 좋을지 의견을 나눌 때, 가장 먼저 나왔던 아이디어가 바로 '쓰레기가 없는 시장'이었어요. 쓰레기가 될 것은 애초에 만들지도 말자고 합의했죠. 만약 로고가 있으면 현수막과 같은 쓰레기를 또 만들어야 하잖아요. 그래서 로고나 심볼을 만들지 않았어요.

그럼 마르쉐@은 무엇으로 상징해야 할지도 고민을 많이 했죠. 오랜 고민끝에 노랑파랑 휘장을 만들어 이 천이 펼쳐지는 서울의 하늘 아래를 모두 우리의 시장으로 선언하자고 했어요. 사실 무시무시한 혁명 같은 이야기였어요. 서울의 부동산이 얼마나 무섭고 바늘 하나 꽂기 어려운 도시라는 생각을 못한 채로 나눈 결정이었죠. (웃음)

시장에 오는 사람들에게 일회용품이 아닌 다회용 그릇을 빌려주고 현장에서 자원활동가들이 설거지를 진행하는 '빌려 쓰는 그릇' 제도가 인상적이었어요.

'쓰레기 없는 시장'을 열기로 하고 저희가 처음 디자인한 것이 바로 '빌려 쓰는 그릇'이라는 작은 시스템이었어요. 그릇을 따로 지참하지 않은 손님에게 보증금을 받고 식기를 빌려준 뒤, 다 쓴 그릇은 자원활동가가 현장에서 설거지하는 과정을 거쳐요. 처음에는 탕비실을 빌리거나 화장실 등 다른 공간에서 설거지를 진행하니 모두가 너무 힘이 들었어요. 그러다 시장에 설거지대를 설치해 보자는 아이디어가 나왔어요. 이후 바닥 수도관에 상수도관을 연결해 시장 한복판에서 손쉽게 설거지를 할 수 있었죠.

대단한 추진력이네요. 설거지가 끊임없을 텐데 자원활동가들의 불만은 없었나요?

오히려 반대예요. 설거지대가 만들어지면서 기적이 일어났어요. 마르쉐@에 자원활동가들이 폭증했어요. 진짜 재밌죠? 사실 '자원활동가들이 힘들어서 불만이 생기지 않을까?' 고민이 많았거든요. 그런데 설거지대에서 자원활동가들이 함께 어깨를 부대끼면서 대화를 나누며 설거지하는 모습이 함께하고 싶은 풍경이 돼 버린 거예요. 설거지대를 설치한 이후로 자원활동가 예약은 순식간에 마감되었어요. 자원활동가들은 한겨울에도 웃으며 빌려 쓰는 그릇을 설거지해요.

이처럼 사람들의 선한 의지로 마르쉐@의 시스템이 돌아가고 있어요. 모이는 사람들이 이렇게 멋있으니까 나 역시 거기 있고 싶어지는 시장이 되더라고요.

'빌려 쓰는 그릇' 외에도 '다시 쓰는 종이봉투' 제도 역시 마르쉐@의 특별한 친환경 활동 중 하나잖아요.

손님들에게 집에서 쓰지 않는 종이 쇼핑백을 현장에서 받아 '다시 쓰는 종이봉투' 제도를 운용하고 있어요. 기부받은 종이 가방은 장바구니가 필요한 손님들과 출점팀이 비닐봉지를 대신해 요긴하게 사용해요.

사실 마르쉐@에서 펼쳐지는 친환경 활동은 자발적으로 이루어지는 경우가 많아요. 가령 출점팀에서는 유리병을 반납하는 손님에게 빈 병 값을 돌려주는 등의 정책도 자체적으로 펼치고 있죠. 마르쉐@에 자주 출점하시는 어떤 농부님은 매년 자신이 기르는 쌀로 직접 가래떡을 뽑아오세요. 그런데 포장지는 준비를 안 하시고, 용기를 가져온 사람들에게만 파세요. 그 외에도 사과를 사면 박스랑 종이 틀이 나오잖아요. 그럼 손님들이 사과 박스와 종이 틀을 모아서 다시 가

지고 오세요. 그러니 스티로폼이 따로 나오지 않는 거예요. 이처럼 누군가 좋은 일을 하면 다른 사람도 함께 노력하는 모습에서 우리의 미래가 조금 더 좋아질 수 있겠다는 희망을 품게 돼요.

최근에는 퇴비를 재활용하는 모임도 만들었더라고요.

그동안 마르쉐@ 시장에서 생기는 음식물 쓰레기는 농부님들이 퇴비로 가져가셨어요. 그러다 2023년부터 손님들도 집에서 나오는 음식물 쓰레기를 모아서 가져오는 '퇴비 클럽' 모임을 시작했어요. 스무 명 남짓이 6개월 동안 550리터의 퇴비를 모아 농부님들 밭으로 되돌려 드렸죠.

퇴비 클럽은 단순한 재활용의 의미로 그치지 않아요. 퇴비를 드리기 위해 시장이 안 열릴 때는 밭으로 찾아가고 그로 인해 새로운 관계들이 생겨나게 된 거죠. '코로나 팬데믹 때문에 무기력하고 힘든 시간을 보냈었는데, 퇴비 클럽에 참여하고 일상에서 행동하면서 살아갈 힘을 얻었다'는 감동적인 후기를 듣기도 했어요.

마르쉐@을 운영한 지 10년이 넘었어요. 그동안 에코 로컬 부문은 어떻게 달라졌나요?

10년 전에 시작했을 때와 지금은 많이 달라졌어요. 그

때는 로컬 푸드라는 개념도 우리 사회에 희박했고, 요리사들이 식재료를 농부들에게 직접 공급받는 방식도 드물었어요. 제로웨이스트와 같은 개념은 물론, 지구환경을 생각하는 퍼머컬처(permaculture)나 재생농법 등에 대한 이해도 거의 없었어요. 그런데 최근에는 자연과 협력해 지구의 회복력을 만들어 가는 농업에 대한 관심이 커지고 있어요. 이미 배출된 이산화탄소를 다시 땅으로 되돌리는 일은 숲을 잘 가꾸거나 좋은 농사를 짓는 일로 충분히 가능해요. 지금도 마르쉐@의 농부들이 그 현장에서 땀을 흘리고 있습니다. 그리고 2020년부터는 파타고니아와 함께, 토양을 살리는 농사를 응원하는 '지구농부 프로젝트'를 펼쳐가고 있는데, 좋은 농부를 지속가능하게 하는 게 기후위기 시대의 중요한 실천이라고 생각하기 때문이죠.

갈수록 지방소멸 위기가 심각해지고 있어요. 혹시 로컬 측면에서 희망을 발견한 사례가 있을까요?

예전에는 지역을 떠났던 젊은이가 다시 돌아온다고 하면 실패자라는 낙인이 찍히고 그랬잖아요. 그런데 지금은 그렇지 않아요. 지역을 자신의 새로운 삶의 터전으로 생각하고, 산업으로서의 농업이 아닌 삶으로서의 농업을 기꺼이 선택하는 다양한 농부들이 생겨났어요. 그들이 만드는 멋진 먹거리들이 있고, 또 그들이 가꾸어 가는 공동체, 농업 경관이 사람들을 지역으로 이끌고 있어요.

농부가 직접 양조장을 세우고 농가 레스토랑을 여는 등 지역에 다채로운 변화도 일어나고 있어요. 도시에 있으면 변화를 감지하기가 쉽지 않아요. 지방소멸과 같이 부정적인 이슈만 보이잖아요. 하지만 자세히 들여다보면, 지역에서부터 무언가를 새롭게 시작하려는 젊은 친구들이 태동하고 있어요. 마르쉐@에 오는 많은 농부들이 그렇게 지역의 새로운 움직임을 이끌고 있어요. 여전히 희망은 있죠.

햇밀장이나 커피장과 같은 특별장도 눈에 띄어요.

저는 마르쉐@의 기획자로서 소비자의 입장으로 시장을 꾸려 나가고 있으니 사람들의 일상적인 먹거리에 관심을 가질 수밖에 없어요. 하루 세 끼 중 한 끼는 밀가루를 먹고 또 매일 커피를 마시는데, 이러한 식품들을 모른 척하기는 어렵죠. 관심을 가지고 살펴보니 국내 밀 자급률이 1%에서 간당간당한 상태임을 알게 됐어요. 그래서 전국에 소규모 밀 농가와 소규모 밀 음식을 만드는 사람들, 밀을 가공하는 사람들이 모여 햇밀 음식을 맛보고 수확의 기쁨을 나누는 햇밀장을 만들었죠.

우리 밀의 자급률을 높이려면 정부 보조금을 늘리고

공공급식이 더 확대되어야 한다고 해요. 일리 있는 주장이지만 효과성은 좀 따져봐야 할 것 같아요. 저는 우리 밀로 만들어지는 음식이 더 다양해지고, 더 맛이 있어서 우리의 미식 문화로 자리 잡는 게 중요하다고 생각해요. 다양한 밀을 기르고 싶은 작은 농부, 자신의 이야기를 담은 밀 음식을 만들고 싶은 작업자들이 소중한 이유죠. 이들이 함께 서로를 응원하며 모이는 시장이 마르쉐 햇밀장이에요.

10년 넘게 지속가능했던 마르쉐@의 사업구조가 궁금해요.

마르쉐@ 수입의 절반은 시장에 참여하는 농부와 요리사와 생산자가 기부하는 지속가능기금이 차지하고 있어요. 시장에서 판매한 금액의 15%를 마르쉐@에 기부하거든요. 기부라고 표현하는 이유는 자발적으로 본인 매출을 적고, 그에 따라 계산해 주기 때문이에요. 하지만 아직까지 출점자들이 모아 내는 지속가능기금만으로는 시장을 운영하기 힘들어요. 그래서 마르쉐친구들이 다양한 기관, 기업 등과 협업하는 활동을 통해 시장 운영의 비용을 만들어 가는 일을 하고 있어요. 물론 저희가 지향하는 가치를 담을 수 있는 일들에 함께하는 방식이죠.

마르쉐@이 우리 사회에 어떤 영향을 미쳤다고 생각하세요?

마르쉐@은 관행적인 시장의 문법을 따라가는 시장이 아니에요. 지속가능성의 여부에 대해 아무도 장담할 수 없었어요. 그랬던 저희가 12년 가까이 버텼네요. 마르쉐@이 가장 크게 기여한 점을 꼽자면 바로 '우리가 함께 가면 계속 갈 수 있다'는 메시지예요. 지난 시간 동안 농부를 꿈꾸던 사람들이 현재 농부가 되었어요. '말이 씨가 된다'는 말이 있죠. 대화하는 시장에서의 대화가 씨앗으로 뿌려지고 자라고 있다는 마르쉐@의 경험이 시작하는 많은 이들에게 힘이 될 수 있으면 좋겠어요.

농부시장이 제대로 탄생하기 위해서는 마르쉐@처럼 긴 시간이 필요할까요?

맞아요. 말씀대로 아주 긴 호흡이 필요해요. 돈으로 할 수 있는 일은 굉장히 빨리 이룰 수 있어요. 그런데 마르쉐@과 같은 농부시장은 그렇지 않아요. 생각해 보면 돈으로 할 수 없는 일이에요. 사람 간의 관계를 만들고 사회자본을 쌓는 일이잖아요. 사실 마르쉐@과 같은 시장을 돈으로 만들 수 있다면 대기업이 가장 잘할 수 있었겠지요. 마르쉐@은 다양한 사람들이 공동의 규범과 가치를 가지고 공동의 실천을 해가면서 사회자본을 형성해 가는 공유지대로서의 시장의 가능성을 보여주고 있어요.

현대 사회에 농부시장이 필요한 이유는 무엇일까요?

미국의 농부시장에 직접 가볼 기회가 있었어요. 미국에서 농부시장의 기능은 단순히 소규모 농가 지원에서 그치지 않더라고요. 다양한 문화적 배경을 가진 이민자의 삶과 저소득층의 먹거리 복지 등 사회통합적인 의미도 담겨 있어요.

세상의 농부시장에는 저마다의 특별하고 다양한 가치들이 담겨요. 저는 우리 사회가 필요로 하는 시장이 있다고 생각해요. 특히 우리나라는 사람들이 굶주려 죽는 사회가 아니라, 외롭고 마음이 아픈 사람들이 많은 사회잖아요. 도시 안에서 사람들의 마음이 서로 연결되고 관계 맺는 시장의 존재는 꼭 필요하다고 봐요.

10년 넘게 성공적으로 운영할 수 있었던 마르쉐@만의 비결이 궁금해요.

비영리 시민운동으로 마르쉐@에 가치를 평가하시는 분들이 많아요. 맞는 말씀이지만 마르쉐@이 통상적인 시민단체의 모습을 띠고 있지는 않아요. 오히려 우리는 말 그대로 시장 본연의 모습을 가지고 있었기에 지속가능하다고 생각해요. 삶을 영위해 가기 위해 시장은 누구에게나 필요하니까요. 우리를 제로웨이스트 환경단체나 농민보호 사회단체로 소개했으면 아마 범접하지 못했을 일상성을 획득하고 있다는 것이 중요해요. 누군가의 생계, 누군가의 일상, 또 누군가의 삶의 의미로서 시장은 모두의 삶에 깊게 관계해요. 그래서 지속가능했다고 생각해요.

마르쉐@이 꿈꾸는 미래의 모습은 어떤 걸까요?

서울의 하늘 아래 마르쉐@ 시장이 동네마다 열리는 모습, 이건 오랫동안 품고 있는 좋은 상상이에요. 하지만 꼭 마르쉐@이 아니어도 농부들을 가까이서 만날 수 있는 공간이 곳곳에 생겼으면 좋겠어요. 먹거리가 함께하는 공간은 경제적 효율성만이 아닌 수많은 이야기를 품고 있어요. 계절, 기후, 토양 등 지구의 이야기, 그 자연과 협업하는 농부들의 저마다의 삶의 이야기는 그 자체로 강력한 콘텐츠예요. 그런 먹거리를 통해 모두가 연결되는 세상이 마르쉐@이 함께 꾸는 꿈입니다.

리사이클링 테크

Recycling Tech

환경문제와 관련된 사람들을 만나다 보면 자연스럽게 배우게 되는 게 많아. 최근 알게 된 것 중 하나가 '리사이클링 테크'라는 다소 생소한 분야거든. 리사이클링 테크는 다양한 신기술을 통해 리사이클링을 지속가능하게 하는 것을 뜻하는데, 기술을 통해 환경문제를 해결하는 것뿐만 아니라 환경적인 경제 선순환에도 도움이 된다고 해.

리사이클링 테크는 '순환경제 기술'과 연결되어 있는데, 순환경제란 제품을 사용한 후에 폐기하는 기존의 구조에서 벗어나, 자원을 지속적으로 순환시키는 새로운 경제체제를 말한다고 해. 환경에 조금이라도 관심 있는 사람이라면 리사이클링 테크에 대해 알아두면 좋을 것 같아.

01 리사이클링 테크(Recycling Tech)는 재활용·재생이용·재순환 등을 뜻하는 '리사이클링'과 '기술'의 합성어로, 제품을 사용한 후 쓰레기로 폐기하지 않고 재처리 과정을 거쳐 본래의 용도나 다른 용도로 다시 사용할 수 있도록 만드는 기술을 뜻한다. 지금 세계 곳곳에선 기후변화에 따른 갖가지 이상기후 현상과 폐쓰레기 문제를 공통으로 겪으며 혼란과 위기 속에 있다. 그래서 환경오염의 원인을 근본적으로 없애거나 줄이기 위한 방법 중 하나로 폐기물에서 에너지나 자원(원료) 등을 최대한 회수하여 다시 사용할 수 있도록 하는 기술인 리사이클링 테크의 상용화가 절실한 상황이다.

02 최근 인공지능(AI), IoT(Internet of Things), 빅데이터 등의 기술혁신으로 인해 많은 사람들이 좀 더 쉽고 편리하게 자원순환에 동참할 수 있는 여건이 만들어지고 있다. 가령 '당근마켓'과 같은 중고거래 플랫폼의 사용자가 늘어나면서 중고제품을 나눠 쓰는 문화가 만들어졌고, '수퍼빈'과 같은 기업은 비대면 수거 로봇을 통해 플라스틱을 수거한 후 소재화 공정을 거쳐 각 기업들이 다시 사용할 수 있게끔 원료로 공급하고 있다. 이 외에도 앱을 통해 헌 옷을 수거한 후 매입해 100% 재사용하는 '리클', 대형 폐기물 처리와 나눔을 모두 할 수 있는 '빼기' 등 다양한 환경적인 자원순환 플랫폼이 생겨나고 있다. 이처럼 일상에서 쉽고 편리하게 직·간접적으로 순환경제 활동에 참여할 수 있는 환경이 구축되고 있는데, 이는 리사이클링 테크의 특별한 기술들이 서비스를 뒷받침하고 있어 가능한 일이다.

03 자원을 지속적으로 순환시키고자 하는 새로운 경제체제인 순환경제는 산업혁명 이후 이어져 온 '자원-생산-소비-폐기'와 같은 직선형 구조인 선형경제시스템에서 벗어나 '원료-설계-생산-유통-소비-처리' 단계로 이어지는 전 과정에서 자원효율과 순환성을 극대화하는 것을 핵심목표로 한다. 여기에는 특별한 순환경제 기술이 필요하고, 이 순환경제 기술이 리사이클링 테크와 맞물려 환경과 관련한 순환경제를 발전시킨다. 특히 코로나 팬데믹을 계기로 환경오염, 기후위기 등의 문제가 사회 전방위적으로 거론되면서 순환경제 기술에 대한 관심이 날로 커지고 있다. 순환경제를 위해서는 생산과 소비단계에서 천연자원의 투입을 최소화하고, 사용 후 제품을 재제조, 재활용, 에너지 회수 등을 통해 자원을 지속적으로 활용할 수 있는 시스템을 구축하는 것이 중요하다. 이러한 일들을 가능하도록 하는 근간에 리사이클링 테크가 존재한다.

04 글로벌 비영리단체 전자전기폐기물포럼은 2022년 국제전자폐기물의 날(10월 14일)을 맞아 전 세계적으로 버려지는 폐휴대폰의 양을 조사한 바 있다. 이에 따르면 전 세계적으로 사용 중인 휴대폰 160억 대 중 약 53억 대가 버려지거나 방치되어 있는 것으로 확인되었다. 휴대폰 전체 구성품의 40%는 금속이 차지한다. 휴대폰 한 대에서 회수가능한 금속은 금, 은, 구리, 로듐, 팔라듐, 리튬, 코발트 등 27여 가지에 달한다. 폐휴대폰 외에 다른 전자폐기물에도 '도시광산'이라 불릴 만큼 다양한 금속자원이 포함되어 있다. 매년 전 세계적으로 버려지는 전자폐기물은 4,446만 톤에 이르는데, 대부분 매립 또는 소각되어 심각한 환경오염을 초래한다. 특히 전자폐기물에서 나오는 수은, 플라스틱 등의 유해물질은 토양과 바다로 유입되어 생태계에 위협이 되고 있다. 이는 지구환경 파괴로 이어지기 때문에 많은 우려를 낳고 있다.

05 2023년 6월 유럽 의회는 본 회의에서 배터리 설계에서 생산, 폐배터리 관리에 대한 포괄적 규제를 담은 '지속가능한 배터리 법'을 승인했다고 밝혔다. 이 법은 유럽 시장에서 판매되는 휴대폰과 전기차 등 배터리가 필요한 여러 제품의 배터리 생애주기를 관리하고 친환경성을 강화하기 위한 규제로서, 휴대폰 등에 사용되는 소형 배터리를 사용자가 쉽게 분리·제거 및 교체할 수 있도록 설계해야 한다는 내용을 포함한다. 이렇듯 재활용 자원의 의무적 사용이 요구됨에 따라 자원의 순환성을 극대화하는 리사이클링 테크 및 순환경제 기술이 필요불가결한 요소로서 우리 삶에 자리를 잡고 있다.

06 개인이 전자폐기물을 재활용하는 것은 쉬운 일이 아니다. 수거와 공정이 까다롭고 비용이 많이 든다. 그 과정에서 일어나는 문제들도 적지 않다. 그렇다고 포기할 일은 아니다. 이미 문제해결을 위해 오랜 시간 공들여 기술을 개발해 이 기술이 환경을 살리며 인간에게 유용하게 쓰일 수 있도록 앞장서고 있는 브랜드와 기업들이 있기 때문이다. 우리나라에서 리사이클링 테크를 통해 순환경제 기술을 적극적으로 구현하며 자원을 재활용하고 있는 대표적인 기업이 바로 '민팃'인데, 민팃은 보통 1인이 한 대 이상씩 사용하고 있는 휴대폰을 리사이클링해서 자원의 선순환을 꾀하는 기업이다.

ICT 디바이스 리사이클링
기술을 통해 환경을 되살린다

민팃
MINTIT

2024년 2월 시장조사업체 카운터포인트 리서치에 따르면 2023년 대한민국 스마트폰 판매량은 1,400만 대를 기록했다고 한다. 해마다 이렇게 많은 새 휴대폰이 판매되고 있는데, 그렇다면 기존에 사용하던 휴대폰은 어떻게 처리되고 있을까? 대부분의 사람들은 개인정보 유출에 대한 우려로 폰을 집에 방치하는 경우가 많으며, 판매를 한다고 해도 사기 거래에 대한 두려움과 음성적인 유통시장에 대한 불신을 가지고 있다.

민팃(MINTIT)은 바로 이러한 중고폰 유통구조의 맹점을 파고들어 혁신적인 대안을 제시했다. 민팃은 중고 ICT 기기 거래 플랫폼으로, 전국에 약 6,600여 개의 인공지능 무인매입기를 운영하고 있다. 사람들은 ATM에서 손쉽게 현금을 인출하듯, 민팃 무인매입기에서 비대면으로 중고휴대폰을 거래할 수 있다. 민팃 무인매입기의 가장 큰 장점은 개인정보 유출을 걱정할 필요가 없다는 것이다. 민팃의 매입기에서 휴대폰 상태를 AI로 분석하고, 개인정보는 국제인증기관에서 인증받은 기술을 통해 정밀한 정보 삭제가 이루어진다. 또한 폐휴대폰에서 사용할 수 있는 다양한 금속자원들을 추출해 산업원료로 재사용한다. 더 이상 휴대폰으로 기능할 수 없더라도 끝까지 그 쓰임을 찾아 쓰레기가 아닌 자원으로 순환되도록 처리하고 있는 것이다. 이처럼 획기적인 리사이클링 테크와 순환경제 기술로 자원순환에 앞장서고 있는 민팃의 최첨단 스토리를 김지은 브랜딩팀 팀장이 낱낱이 들려준다고 한다.

김지은
브랜딩팀 팀장

'민팃'은 어떤 브랜드인지 소개 부탁드릴게요.

민팃은 IT 기술을 통해 자원순환과 환경문제를 개선하는 데 기여하고자 설립한 회사입니다. 정보통신기술(ICT) 리사이클링 기업으로, 인공지능(AI) 기반의 ATM 기기를 통해 집안에 잠들어 있는 중고휴대폰을 쉽고 편리하게 회수 및 판매하여 자원순환을 돕고 있어요. 좀 더 쉽게 설명드리면 인공지능 기능을 탑재한 무인매입기(ATM) 안에 중고휴대폰을 넣으면 상태점검, 시세조회, 판매까지 할 수 있는 서비스를 제공하는 거예요.

현재 지구상에는 사람 수보다 더 많은 휴대폰이 존재하고 있어요. 수많은 휴대폰이 불과 몇 년 사용하고 난 후 버려지게 되면 결국 심각한 환경문제로 이어집니다. 게다가 매년 제조되는 약 3억 대의 휴대폰 중 80%가 재활용되지 않는다고 해요.

그래서 민팃은 중고폰이 잘 순환되면 E-폐기물

(E-waste) 감소에 큰 도움이 될 거라고 생각합니다. 또 민팃의 정보보안 기술을 활용해 많은 사람들의 참여와 사회적 가치를 이끌어 내고자 노력하고 있어요.

중고휴대폰을 거래하는 곳이 많은데, 민팃만의 특장점은 무엇일까요?

비대면 서비스와 완벽한 개인정보 삭제 그리고 그 자리에서 바로 판매금액이 계좌로 입금된다는 점을 꼽을 수 있어요. 민팃의 고객들을 대상으로 조사해 보니, 민팃의 ATM 서비스를 이용하면서 기존 대면 거래에서 경험했던 불편함 없이 비대면으로 쉽고 편리하게 중고폰을 판매할 수 있어서 좋았다는 의견이 많았어요. 특히 대면 거래를 할 때는 조건이 마음에 들지 않더라도 거래를 중단하기 어려웠는데, 민팃 ATM에서는 자유롭게 거래를 멈추거나 계속할 수 있어요.

비대면 거래를 하기 위해 가장 중요한 것이 바로 원격 진단 기술인데, 민팃은 Vision AI 기술로 고객들의 중고폰 상태를 진단함으로써 보다 객관적인 판정 기준을 보여줄 수 있어요. 특히 중고폰을 거래할 때 가장 우려하는 부분이 개인정보 유출인데, 민팃은 국내 최초로 국제 품질인증기관인 TUV SUD로부터 데이터 삭제 기술을 인증받았고, 또 2024년 영국의 정보보안 전문기관인 ADISA로부터 인증받은 자체 데이터 삭제 기술을 이용해 개인정보와 관련된 보안 문제를 적극적으로 해결하고 있습니다.

AI를 통해 휴대폰의 외관 상태를 검증한다고 했는데, 중고폰의 어떤 요소들을 주로 확인하나요?

민팃 ATM 안에는 6대의 카메라가 설치되어 있어 중고폰의 외관을 촬영하고, 촬영된 정보는 즉시 클라우드로 전송해 AI가 상태를 진단하는 구조를 가지고 있어요. 아무래도 외관에서 가장 중요한 것이 액정이다 보니 이 부분을 가장 중요하게 보고 있으며, 기타 마모상태나 파손 여부 등을 세밀하게 체크하고 있습니다. 외관 이외에도 휴대폰의 다양한 기능들이 제대로 작동하고 있는지 종합적으로 진단하여 상태를 판정하고 있습니다.

민팃은 중고폰을 매입하는 플랫폼인데, AI의 활용에 꽤나 적극적인 것 같아요.

민팃이 AI 기술을 적극적으로 활용하는 이유는 크게 세 가지예요.

첫째, 민팃은 전국의 ATM을 통해 연간 100만 대 이상의 중고폰을 거래하고 있고, 거래가 성사되지 않은 숫자까지 포함하면 하루 평균 5천 건 이상의 진단과 판정을 내려야 합

STEP 1
판매시작

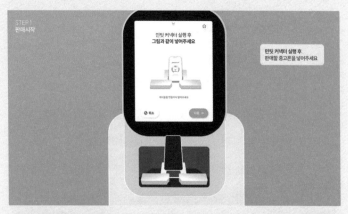

민팃 커넥터 실행 후
판매할 중고폰을 넣어주세요

STEP 2
중고폰 진단

진단 결과 상세보기를 통해 자세한
내 중고폰의 상태를 확인할 수 있어요

STEP 3
중고폰 판매

니다. 이 모든 과정을 일일이 사람이 할 수 없기 때문에 AI를 적극적으로 활용하고 있어요.

둘째, 중고거래의 핵심은 신뢰인데, 사람이 개입하다 보면 제품의 상태와 적정가격에 대한 논란이 있을 수밖에 없죠. 그래서 민팃은 보다 객관적이고 일관성 있는 판정을 하기 위해 AI를 도입했고, 이를 통해 신뢰를 쌓아가는 게 중요하다고 생각했어요.

셋째, 비대면 거래의 완결성을 높이기 위해 AI를 도입했어요. 물론 대면 거래를 좋아하는 사람도 있겠지만 어쩔 수 없는 흥정과 감정 소모는 중고거래 확산에 걸림돌이 되고 있는 게 사실이에요. 민팃은 그러한 대면 거래의 불편한 점을 없애기 위해 모든 과정에서 사람의 개입을 최소화했고, 그래서 진단과 가격 판정까지 모두 AI가 수행하는 시스템을 구현하게 된 거예요.

이렇게 AI 기술을 활용해 기존 시장이나 고객이 가지고 있던 불만사항을 해결함으로써 쉽고 편리하게 중고폰이 순환되는 문화를 만들어 가고, 더불어 자원을 절약하고 환경도 지켜갈 수 있기를 바라고 있어요.

민팃의 ATM 서비스가 2019년 3월에 출시되었는데, 같은 해 말 코로나19가 확산되면서 팬데믹이 장기화되

어었어요. 이후 비대면 환경이 민팃에게 유리하게 작용했을 거 같은데요.

민팃이 전국 대형마트에 ATM을 최초로 설치해 나가던 시기는 코로나19가 시작되기 전인 2019년 초부터였어요. 그리고 전국적으로 통신사 대리점과 전자제품 양판점 등에 무인 ATM이 본격 확산되던 시기가 팬데믹이 한창이던 2020년이었어요. 코로나19로 많은 사업이 어려움을 겪었던 시기였지만, 민팃은 비대면이라는 사업의 특수성으로 인해 빠르게 성장할 수 있었죠.

하지만 성장의 원인이 한 가지만 있었던 건 아니라고 봐요. 당시 MZ세대 중심의 중고거래 시장 확대와 저성장 기조에 깔린 재테크 트렌드가 동시에 영향을 미쳤을 것으로 보고 있어요. 이와 같은 사회적 분위기와 트렌드 덕분에 민팃은 유통사·통신사·제조사들과 수월하게 파트너십을 체결할 수 있었고, 전국에 설치된 6,600여 개의 ATM을 통해 쉽고 편리하게 중고폰을 거래하며 자원순환을 할 수 있게 되었죠.

민팃 ATM은 중고폰 부품의 리사이클링 선순환뿐만 아니라 휴대폰 주인의 개인정보 보호에도 많은 신경을 쓰고 있다고 하던데요.

민팃이 2023년 자체적으로 실시한 '중고폰 판매 인식

조사' 결과에 따르면, 중고폰을 거래하지 않고 집안에 방치하는 비중이 65%나 되더라고요. 그런데 중고폰을 팔지 않는 가장 큰 이유가 바로 개인정보 유출에 대한 우려 때문이었어요.

그래서 저희는 개인정보 보호에 대한 신뢰감을 주는 것이 가장 중요하다고 생각했어요. 즉, 개인정보 보호에 대한 신뢰를 확보하는 것은 기업 차원에서도 매우 중요한 전략인 동시에 노트북, 태블릿, 휴대폰 등 다양한 전자기기의 자원순환 문화를 만들어 가기 위해 가장 중요한 요소라고 생각해요. 그래서 민팃에서는 이용 고객 누구나 개인정보 유출에 대해 걱정하지 않도록 지속적인 기술투자와 대외인증을 받는 등 노력을 계속하고 있어요.

중고폰에 저장되어 있는 개인정보들을 민팃에서 어떻게 처리하는지 궁금해요.

민팃의 개인정보 완전삭제 솔루션은 난수 랜덤 덮어쓰기 방식을 사용하여 데이터 복원을 원천적으로 차단하고 있어요. 쉽게 예를 들면 개인정보가 인쇄된 종이에 커피를 쏟고 글자가 번지게 해서 내용을 알아볼 수 없게 오염시킨 다음, 그 종이를 형체도 없이 갈기갈기 찢어서 되돌릴 수 없게 하는 거예요. 다시 말해 원래의 데이터에 의미 없는 값들을 덮어씌워 원래의 정보를 알아볼 수 없게 훼손시키고, 이

미 훼손된 데이터도 다시 복구할 수 없게 갈아엎는 작업을 추가로 하는 방식이죠.

이를 위해 독자적인 삭제 솔루션을 개발했고, 저희의 기술력은 영국의 국제 정보보안 전문기관인 ADISA로부터 인증까지 받았습니다. 이와 별개로 아주 작은 정보 유출 가능성도 없애기 위해 고객이 반납한 중고폰은 ATM 안에서 1차 정보 삭제가 이루어지고, 물류를 거쳐 이천에 있는 리사이클링 센터에 입고되면 한 번 더 데이터 삭제 공정을 거치게 돼요.

휴대폰이 워낙 고가이다 보니 중고거래 시장이 매우 활성화되고 있어요. 중고거래 시장의 규모와 민팃의 이용률은 어느 정도인가요?

일반 판매점이나 소규모 사업장 중심의 무자료 거래가 많다 보니 명확한 자료는 없지만, 정보통신정책연구원(KISDI)에서 발표한 자료에 따르면 2023년을 기준으로 연간 약 750만 대 정도의 중고폰이 거래된 것으로 추정하고 있어요. 민팃에서는 폐휴대폰 포함 3년 연속 연간 100만 대 수준이 거래되고 있으니, 전체 중고폰 시장의 10% 이상을 민팃이 담당한다고 볼 수 있겠네요. 하지만 여전히 많은 중고폰들이 개인정보 유출에 대한 우려 등으로 집에 방치되고 있는 게 현실이에요.

민팃에서는 중고폰 판매뿐만 아니라 기부도 할 수 있다고 들었습니다. 어떤 방식으로 기부가 진행되는지 궁금해요.

민팃 ATM에서 '기부하기'를 선택하고 기부하려는 휴대폰을 넣으면 기부에 동참할 수 있어요. 기부금액은 천 원부터 휴대폰 판매금액 전체까지 원하는 만큼 선택할 수 있어 편리하게 기부에 참여할 수 있어요. 기부한 금액은 '세이브더칠드런'과 협력해 저소득층 아동들의 IT 기기 구매 및 교육 지원에 쓰이고 있어요. 이처럼 집에 방치된 중고폰으로도 쉽고 편리하게 기부할 수 있는 문화를 조성하는 것 역시 민팃이 사업을 시작한 이유 중 하나이기 때문에, 기부와 관련된 서비스는 앞으로도 계속 확대해 갈 계획이에요.

이외에도 중고폰을 활용해 사회적 문제 해결에도 관심을 기울이고 있어요. 점자 학습기를 개발하는 소셜벤처 '오파테크'의 보급형 점자학습기에 민팃의 중고폰을 제공하고 있고, 안구 보건 스타트업 '랩에스디'와는 개발도상국가에 중고폰을 활용한 디지털 검안기 보급을 확대하여 실명 예방을 위한 사업도 진행했었습니다.

매입한 중고폰 중 다시 사용하기에 적합하지 않은 휴대폰들은 어떻게 처리되나요?

이러한 휴대폰을 '폐휴대폰'이라고 부르는데, 민팃은 환경부 산하 E-순환거버넌스라는 기구와 협약을 맺어 자원순환을 시행하고 있어요. 심하게 파손되었거나 아주 구형이어서 사용할 수 없는 휴대폰은 파쇄하고, 그 과정에서 사용할 수 있는 자원들을 추출해요. '도시 광산'이라는 말이 있을 정도로 폐휴대폰, 폐가전제품, 산업폐기물에서 추출되는 금속들이 많은데, 이 금속들은 산업원료로 다시 쓰이게 돼요. 더 이상 휴대폰으로 기능할 수 없더라도 끝까지 그 쓰임을 찾아 쓰레기가 아닌 자원으로 순환되도록 처리하고 있어요.

검증된 중고폰은 저가제품 시장 육성에 도움이 될 것 같은데요.

아주 중요한 부분이에요. 환경 차원에서 중고폰의 자원순환도 중요하지만, 요즘 같은 저성장 시대에 통신비 절감은 국민들을 위한 정부 차원의 과제인 만큼 중고폰 유통 활성화는 인정할 수밖에 없는 트렌드라고 할 수 있어요. 그래서 보다 적극적으로 참여해 사람들이 중고폰을 더 믿고 이용할 수 있도록 정부와 함께 고민하고 있어요. 민팃의 구성원들이 자주 하는 말이 "장롱폰이라는 단어를 없애자"거든요. 집에 방치되고 있는 중고폰이 잘 쓰일 수 있도록 하는 중고폰 사용 촉진 문화를 만들어 가는 일에 민팃은 전사적으로 노력을 기울이고 있습니다.

중고폰 외에 다른 품목의 무인매입기도 개발하고 있나요?

태블릿이나 웨어러블 기기, 노트북도 상태를 진단할 수 있는 ATM에 대한 기술적인 고민을 계속하고 있어요. 지금은 삼성전자와 제휴해 태블릿 같은 ICT 기기도 택배로 받아 중고폰 매입과 같은 방식으로 일부 진행하고 있습니다. 아직 사업 단계는 아니지만 다양한 분야에서 비대면으로 서비스할 수 있는 기술을 개발하고 확대하는 것을 과제로 생각하고 계속 연구하고 있어요.

민팃에서는 실제 숲을 조성하고 있다고 하는데, 자세히 설명 부탁드릴게요.

민팃은 2021년부터 여의도 샛강생태공원에 숲을 조성해 가꾸고 있어요. 1만 제곱미터의 부지에 버드나무, 팽나무, 참느릅나무 등 총 4천 그루의 묘목을 심었고, 매년 식목일과 환경 관련 기념일에는 관련 캠페인을 진행하고 있어요.

이와 관련해 인상적인 에피소드가 하나 있어요. 2022년 가을, 폭우로 쓰러진 묘목들을 바로 세우고 민팃숲 주변

민팃은 2021년부터
여의도 샛강생태공원에 숲을 조성해 가꾸고 있다.
1만 제곱미터의 부지에 4천 그루의 묘목을 심고,
매년 식목일과 환경 관련 기념일에 캠페인을 진행하고 있다.

환경을 정화하는 시간을 가졌는데, 그때 민팃의 광고 모델이 었던 배우 임시완 님이 동참해 줬어요. 임시완 배우는 당시 모델 계약기간이 끝난 상황이었는데도 민팃 SNS를 팔로우 하고, ESG 관련 게시물에 가끔 '좋아요'도 누르면서 민팃의 ESG 활동에 꾸준하게 관심을 보여줬어요. 그러다 '민팃숲 가꾸기에 동참하고 싶다'고 연락을 줘서 함께 보람찬 시간을 가졌어요. 광고주와 모델로 만났지만 계약이 끝나고도 좋은 취지의 활동으로 관계가 이어지는 것을 보면서, 민팃의 진심 이 통한 것 같아 너무 보람 있었어요.

　　환경적·사회적 가치를 창출해 가고 있는 기업에서 일 하다 보면 임직원들에게도 어떤 책임감이나 사명감이 생기는지 궁금해요.

　　저희가 기업의 이윤을 창출하는 과정이 시장의 문제 를 해결하고 환경적·사회적 임팩트를 만들어 가는 방식이다 보니, 자연스럽게 민팃에서 일하는 사람들에게는 환경에 대 한 사명감과 책임의식이 따르는 것 같아요. 민팃에서는 구성 원 한 명 한 명의 노력이 환경보호에 도움이 된다고 생각하기 때문에 그 변화를 체감할 수 있는 개인적 경험을 매우 중요하 게 여깁니다. 사소할지라도 나만의 환경실천 리스트를 만들 고 하나하나 실행해 나가는 것이 무엇보다 중요한 것 같아요.

민틧의 마스코트 '민티'는 북극에 살던 북극여우가 사
막으로 여행을 떠나 그곳에서 살면서 사막화된 여우입니다.
민틧에서 'ㅅ'을 뺀 이름을 만들었어요. 민티가 북극을 떠나
사막으로 간 이유는 지구온난화로 인해 북극의 빙하가 녹고,
지구 곳곳이 사막화되었기 때문이죠(원래 사막에 살던 사막여
우와는 다른 의미로). 사막여우가 된 민티는 바뀐 환경에 적응
해 살아가면서 외형이 변했는데, 북극에서 살 때와는 다른
귀와 꼬리의 크기 등이 변화를 말해줘요.

마스코트가 사람이 아니라 여우인 이유는 두 가지가
있어요. 기후위기 시대에 멸종위기에 처한 동물들을 여우를
통해 대변하고자 하는 것과 딱딱하고 재미없는 중고거래가
쉽고 안전하고 재미있을 수 있음을 보여주고자 하는 것이죠.
그 외에도 비대면으로 ATM 서비스를 이용하는 고객에게 예
쁘고 귀여운 민티가 친절한 안내자 역할을 하기를 바라고 있
어요. 민티는 민틧 ATM은 물론이고, SNS 채널에서도 고객
들에게 자원순환에 관해 이야기하거나 캠페인 소개와 참여
를 독려하는 등 활발하게 활동하고 있어요.

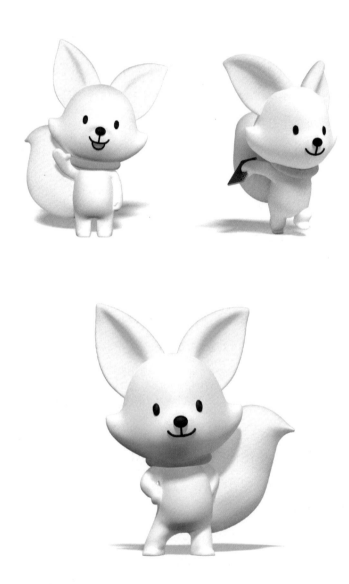

민팃은 앞으로 어떤 회사가 되고 싶은지 미래 계획에 대해 이야기해 주세요.

휴대폰뿐만 아니라 노트북, 태블릿, 스마트워치 등 소형 ICT 기기는 이제 우리 삶에서 떼려야 뗄 수 없는 동반자잖아요. 앞으로도 수많은 신제품이 나오고 버려질 텐데, 이러한 흐름을 막을 수는 없더라도 이 과정에서 기존의 제품들이 순환되고, 폐제품들은 다시 자원으로 활용되는 사이클을 만들어 가는데 민팃이 기여할 수 있기를 바라고 있어요. 사람들이 휴대폰을 바꾸면 당연히 '민팃 해야지'라고 생각하면 좋겠어요.

그리고 자원을 순환시키고 환경을 보호하는 일이 정말 쉽고 간단하게 할 수 있는 일임을 더 많이 알리고 싶어요. 장롱폰이 없어질 수 있도록, 더 나아가서는 ICT 기기들 모두 재활용·재순환될 수 있는 문화를 만들어야죠. 좀 더 욕심을 내보자면 IT 강국 대한민국의 멋진 기술을 민팃이 전 세계에 알려 ICT 리사이클링 분야의 글로벌 대표 브랜드가 되기를 바랍니다.

브랜드 액티비즘으로 소비자를 사로잡는 괴짜들의 이야기
지구를 지키는 괴짜 브랜드

초판 1쇄 인쇄 2024년 5월 20일
초판 1쇄 발행 2024년 5월 30일

지은이 FFC(Freaky Fox Crew)
펴낸이 백광옥
펴낸곳 (주)천그루숲
등 록 2016년 8월 24일 제2016-000049호

주소 (06990) 서울시 동작구 동작대로29길 119
전화 0507-0177-7438 **팩스** 050-4022-0784 **카카오톡** 천그루숲
이메일 ilove784@gmail.com

책임편집 정유희 (Magazine PAPER)
편집 노치원
인터뷰 김건태, 노치원, 파란눈, 조은영
기획·마케팅 백지수
인쇄 예림인쇄 **제책** 예림바인딩

ISBN 979-11-93000-47-2 (13320) 종이책
ISBN 979-11-93000-48-9 (15320) 전자책